GUÍA
CONCURSAL

Servicio de Estudios de la Confederación

Autores/as
JORGE DELGADO, LAURA
Servicio de Estudios de la Confederación UGT

LABORDA IBÁÑEZ, MANUELA
Servicio de Estudios de la Confederación UGT

PÉREZ CAPITÁN, LUIS
Secretario de Recursos y Estudios Confederal de UGT

PONCE ÁVILA, MARÍA CONSTANZA
Servicio de Estudios de la Confederación UGT

SIMANCAS MÉNDEZ, ICÍAR
Servicio de Estudios de la Confederación UGT

Dirección
LUIS PÉREZ CAPITÁN
Secretario de Recursos y Estudios Confederal de UGT

Vicesecretaría General de Política Sindical
Secretaría de Recursos y Estudios

Colección **Guías**
N.º 4

Coedita:
UGT
Ediciones Cinca, S.A.

1.ª edición:
septiembre de 2024

Diseño:
Juan Vidaurre
Ediciones Cinca, S.A.

Producción editorial, maquetación e impresión:
Grupo Editorial Cinca
General Ibáñez Ibero, 5-A
28003 Madrid
Tel.: 91 553 22 72
Fax: 91 554 37 90
grupoeditorial@edicionescinca.com
www.edicionescinca.com

Depósito Legal: M-18911-2024
ISBN: 978-84-10167-25-4

ÍNDICE

PRESENTACIÓN **9**

INTRODUCCIÓN **11**

PARTE I. NOCIONES BÁSICAS SOBRE EL CONCURSO DE ACREEDORES .. **13**

0. TIPOS DE INSOLVENCIA **13**

1. EL PRECONCURSO Y LOS PLANES DE REESTRUCTURACIÓN **15**

1.1. Definición y regulación del derecho preconcursal **15**
1.2. Comunicación de la apertura de negociaciones con los acreedores **16**
    1.2.1. Procedimiento, contenido y aprobación **16**
    1.2.2. Efectos **19**
1.3. Planes de reestructuración **21**
    1.3.1. Homologación **22**
1.4. El experto en reestructuración **26**
1.5. Régimen especial para pymes **28**

2. EL CONCURSO DE ACREEDORES **31**

2.1. Definición y presupuestos de concurso: subjetivo y objetivo .. **31**
2.2. Esquema del concurso **33**
2.3. Personas legitimadas. Solicitud de concurso **34**
2.4. Declaración del concurso **37**
2.5. Efectos de la declaración del concurso **37**
2.6. La administración concursal **38**
2.7. Fases del concurso **40**
    2.7.1. Fase común **41**
    2.7.1.a) Masa activa, masa pasiva **42**
    2.7.1.b) Créditos extraconcursales (contra la masa) **42**

2.7.1.c) Créditos concursales (art. 269 y ss. TRLC) 42
2.7.2. Fase de convenio 43
2.7.3. Fase de liquidación 45
2.7.4. Fase de calificación del concurso 47
2.8. El concurso sin masa 49
2.9. El pre pack concursal 50
2.10. Conclusión y reapertura del concurso 51

3. PROCEDIMIENTO ESPECIAL PARA MICROEMPRESAS 53

3.1. Definición y regulación general 53
3.2. Apertura del procedimiento 57
3.2.1. Negociaciones y apertura 58
3.2.2. Elección y conversión del procedimiento especial 62
3.2.3. Efectos de la apertura 62
3.2.4. Esquema apertura del PEM 64
3.3. Procedimiento especial de continuación 65
3.4. Procedimiento especial de liquidación 68
3.5. Conclusión del procedimiento especial para microempresas 70

4. BREVE REFERENCIA A LA SEGUNDA OPORTUNIDAD O EXONERACIÓN DEL PASIVO INSATISFECHO DEL DEUDOR PERSONA NATURAL EMPLEADOR: ASPECTOS GENERALES 73

4.1. Requisitos generales 73
4.2. Procedimiento de exoneración mediante plan de pagos 75
4.3. Procedimiento de exoneración tras la liquidación de la masa activa.. 78

PARTE II. ASPECTOS LABORALES EN EL PROCESO CONCURSAL 81

1. PLANES DE REESTRUCTURACIÓN Y ASPECTOS LABORALES EN EL PRECONCURSO 81

1.1. Reglas generales: principio de vigencia de los contratos 82
1.2. La regulación propia: afectación de los créditos laborales por los planes de reestructuración de la deuda 82
1.2.1. Los créditos laborales 83
1.2.2. Créditos laborales del personal de alta dirección 84
1.2.2. a) Los créditos de la relación laboral de alta dirección 84

1.2.2. b) Los créditos de los consejeros ejecutivos **85**
1.2.3. Resumen comparativo de los créditos derivados de la relación laboral común y de la especial de alta dirección **86**
1.3. Medidas laborales de carácter colectivo en el preconcurso **86**
1.4. Ejecuciones y procesos de ejecución **87**

2. LOS DERECHOS DE LA REPRESENTACIÓN LEGAL DE LAS PERSONAS TRABAJADORAS EN LA REGULACIÓN CONCURSAL **89**

2.1. Participación de la RLT en los procesos preconcursales: modificación o extinción de la relación laboral **90**
2.1.1. Participación de la RLT en el contenido de los planes de reestructuración **90**
2.1.2. Participación de la RLT si el plan de reestructuración contempla la venta de una o varias unidades productivas **92**
2.2. La actuación de la representación de las personas trabajadoras en el concurso **93**
2.3. Aspectos laborales y participación de la RLT en el procedimiento especial de microempresas **96**
2.4. Participación de la RLT en el procedimiento de concurso sin masa.. **97**

3. LA SITUACIÓN DE LOS CRÉDITOS LABORALES EN EL CONCURSO **99**

3.1. Definición de crédito laboral **99**
3.2. La clasificación del crédito laboral **101**
3.3. Créditos laborales contra la masa **102**
3.4. Insuficiente masa activa para pagar los créditos **104**
3.5. Créditos concursales laborales **106**
3.5.1. Créditos concursales laborales con privilegio especial (arts. 270 y ss. TRLC) **106**
3.5.2. Créditos concursales laborales con privilegio general (art. 280 TRLC) **106**
3.5.3. Créditos concursales laborales ordinarios **107**
3.5.4. Créditos concursales laborales subordinados **107**
3.5.5. Resumen **109**
3.6. Créditos laborales tras la aprobación de un convenio **110**
3.7. Impugnación de la lista de acreedores **111**

4. MEDIDAS COLECTIVAS Y DE AJUSTE EN EL SENO DEL CONCURSO 113

4.1. Medidas de ajuste y normativa aplicable. Orden jurisdiccional competente 113

4.2. Solicitud de la adopción de la medida colectiva (arts. 172 y ss. TRLC) 116

4.3. Causas y requisitos que motivan la solicitud 118

4.4. Documentos que aportar junto a la solicitud 120

    A) Documentos que se deben aportar en las extinciones colectivas .. 120

    B) Documentos que se deben aportar en la modificación sustancial de las condiciones de trabajo de carácter colectivo 124

    C) Documentos que se deben aportar en las suspensiones de contrato y reducciones de jornada de carácter colectivo 125

    D) Documentos que se deben aportar en los traslados de carácter colectivo 126

4.5. Periodo de consultas 126

    A) Contenido de las consultas 128

    B) Desarrollo de las negociaciones 128

    C) Acuerdo 130

4.6. Informe de la autoridad laboral 131

4.7. Resolución 132

4.8. Eficacia de la resolución que acuerda la modificación, reducción temporal de jornada, suspensión o el despido colectivo 132

4.9. La suspensión del derecho de rescisión en la modificación sustancial 133

4.10. Esquema resumen procedimiento 134

4.11. Incidente concursal en materia laboral 134

    A) Requisitos de la demanda 136

    B) Admisión de la demanda 137

    C) Esquema del procedimiento 138

4.12. El recurso de suplicación 139

5. EFECTOS DEL CONCURSO SOBRE LA EXTINCIÓN DEL CONTRATO DE TRA-BAJO Y SOBRE LOS CONVENIOS COLECTIVOS **143**

5.1. Efectos de la extinción sobre los contratos de trabajo singulares .. **143**
5.2. Extinción y suspensión de los contratos del personal de alta direc-ción por decisión de la administración concursal o por decisión del alto directivo **145**
5.3. Efectos sobre los convenios colectivos **147**

6. ADQUISICIÓN DE UNA O VARIAS UNIDADES PRODUCTIVAS Y LA SUCESIÓN LABORAL **149**

6.1. Adquisición de una o varias unidades productivas durante el pro-cedimiento concursal **149**
6.2. Solicitud de concurso con presentación de oferta de adquisición de una o varias unidades productivas **153**

7. BREVE REFERENCIA A LA SEGUNDA OPORTUNIDAD O EXONERACIÓN DEL PASIVO INSATISFECHO DEL DEUDOR PERSONA NATURAL EMPLEADOR: AS-PECTOS LABORALES **157**

7.1. Aspectos laborales **157**

BIBLIOGRAFÍA **161**

PRESENTACIÓN

PRESENTACIÓN

El derecho concursal es una materia de creciente importancia en el ámbito empresarial y laboral, especialmente en tiempos de incertidumbre económica. Para quienes desempeñan la crucial labor de representar a las y los trabajadores, el conocimiento profundo y actualizado de este campo es una herramienta indispensable. Es en este contexto donde esta guía sindical sobre el derecho concursal se convierte en un recurso esencial, diseñado específicamente para apoyar a quienes, desde la UGT, se enfrentan a la tarea de defender los derechos laborales en situaciones de insolvencia.

La utilidad de esta guía radica en su enfoque claro y accesible hacia los aspectos laborales que se ven afectados durante un proceso concursal. A lo largo del texto, se abordan cuestiones fundamentales como los efectos del concurso sobre los contratos de trabajo, el carácter de crédito preferente de los salarios, el tratamiento de la administración concursal y sus implicaciones en la continuidad de las relaciones laborales, así como materias tan relevantes como el reconocimiento y el pago de los créditos laborales; el procedimiento de regulación de empleo concursal; el reparto de competencias entre la jurisdicción mercantil y la jurisdicción social; la participación del FOGASA y la participación de los representantes de las personas trabajadoras en la empresa. Se presta especial atención a las medidas de protección que pueden implementarse para salvaguardar los derechos de las personas trabajadoras, así como a las herramientas legales disponibles para la representación sindical, que permiten actuar de manera eficaz en defensa de los intereses de las y los trabajadores.

Ser representante sindical en UGT es un compromiso con la defensa de la justicia social y los derechos laborales. Esta guía ha sido elaborada para que quienes asumen este rol puedan hacerlo con la mayor preparación posible, enfrentando los desafíos que presenta el derecho concursal con seguridad y conocimiento. La representación de las y los trabajadores en un concurso de acreedores no solo implica la defensa de sus derechos económicos, sino también la protección de los derechos de las personas trabajadoras, empezando por la estabilidad de su empleo.

Invitamos a hacer un uso activo de esta guía, a estudiarla y aplicarla en cada situación que lo requiera. En ella encontrarán un aliado para enfrentar los retos que la insolvencia puede presentar a nuestros delegados y delegadas en las empresas. Porque ser representante de UGT es mucho más que un cargo; es un compromiso con cada persona trabajadora que confía en nosotros para proteger sus derechos y mejorar sus condiciones de vida.

Confiamos en que esta guía será una herramienta valiosa en ese camino, y que contribuirá a fortalecer la labor de quienes, desde UGT, luchan día a día por un mundo laboral más justo y equitativo.

Fernando Luján de Frías
Vicesecretario General de Política Sindical

INTRODUCCIÓN

INTRODUCCIÓN

La normativa concursal de gran complejidad técnica viene en la actualidad determinada por el Real Decreto Legislativo 1/2020, de 5 de mayo, por el que se aprueba el texto refundido de la Ley Concursal (TRLC) que, a pesar de su corta edad, ha sido ya sometido a diversas modificaciones.

El giro que supone la norma indicada en el ámbito concursal y, por lo tanto, en una más de las fases de la vida de la empresa tal vez la más dramática ha sido muy importante, introduciendo novedades de calado dirigidas a flexibilizar el sistema, asegurar en lo posible la pervivencia empresarial y lo que ello conlleva en materia de empleo. A lo largo de este texto, se expondrá y analizará con detalle, aportando la doctrina judicial existente, la regulación concursal actual con especial hincapié en lo que concierne a la esfera social, siempre desde la perspectiva de hacer lo más inteligible posible el conjunto normativo.

Podría parecer extraño que se abordara el concurso desde una perspectiva social. Nada más natural. El concurso, su regulación y práctica, afecta de forma esencial las relaciones laborales en la empresa, los derechos de las personas trabajadoras y las actuaciones de sus representantes. Pero, además, en esta nueva regulación el componente social adquiere un especial protagonismo desde el propio inicio del procedimiento.

Ahí reside la razón de esta Guía, con la cual seguimos avanzando en la problemática de mayor relevancia en el Derecho Social.

PARTE I.
NOCIONES BÁSICAS SOBRE EL CONCURSO DE ACREEDORES

0. TIPOS DE INSOLVENCIA

0. TIPOS DE INSOLVENCIA

El estado de insolvencia del deudor es el presupuesto objetivo sobre el que se fundamentan el preconcurso, el concurso de acreedores y el procedimiento especial para microempresas.

Actualmente, el Texto Refundido de la Ley Concursal (TRLC) define tres tipos de insolvencia: insolvencia probable, insolvencia inminente e insolvencia actual, que se configuran como tres estados ordenados secuencialmente. Lo que significa que **la probabilidad de insolvencia es un estado previo a la insolvencia inminente y ésta un estado previo a la insolvencia actual.**

Insolvencia probable
Existe probabilidad de insolvencia cuando sea objetivamente previsible que, de no alcanzarse un plan de reestructuración, el deudor no podrá cumplir regularmente sus obligaciones que venzan en los próximos 2 años (art. 584.2 TRLC).

Insolvencia inminente
Se encuentra en estado de insolvencia inminente el deudor que prevea que dentro de los 3 meses siguientes no podrá cumplir regular y puntualmente sus obligaciones (art. 2.3 TRLC).

Insolvencia actual
Se encuentra en este estado de insolvencia actual el deudor que no puede cumplir regularmente sus obligaciones exigibles (art. 2.3 TRLC).

Gráfico núm. 1. Fuente: elaboración propia.

1. EL PRECONCURSO Y LOS PLANES DE REESTRUCTURACIÓN

1. EL PRECONCURSO Y LOS PLANES DE REESTRUCTURACIÓN

El preconcurso es la figura destinada a ofrecer a la persona deudora (natural o jurídica) la posibilidad de apertura de un periodo de conversaciones con sus acreedores con el fin de alcanzar un plan de reestructuración, que le posibilite continuar con su actividad empresarial. Se faculta al deudor para comunicar al juzgado competente la apertura de negociación con los acreedores o la homologación de un plan de reestructuración.

Con el preconcurso se suspende la obligación del deudor de presentar el concurso voluntario durante un plazo máximo inicial de 3 meses[1]. Este procedimiento también bloquea la presentación del concurso obligatorio por parte de sus acreedores[2].

En definitiva, se trata de un **sistema flexible, dirigido tanto a evitar la insolvencia, como a superarla**. Debe tenerse en cuenta que la actual regulación extingue los acuerdos de refinanciación y los acuerdos extrajudiciales de pago y configura un nuevo sistema que tiene como protagonista a los planes de reestructuración.

1.1. Definición y regulación del derecho preconcursal

El Preámbulo de la Ley 16/2022, de 5 de septiembre[3], considera que los instrumentos preconcursales pertinentes incrementan la eficiencia del sistema de

---

[1] Plazo prorrogable.
[2] SEGOVIA-VARGAS, M. J. y CAMACHO-MIÑANO, M.: «¿Qué indicadores económico-financieros podrían condicionar la decisión del experto independiente sobre la supervivencia de una empresa en su fase preconcursal? Evidencia empírica en España». *Cuadernos Contabilidad*, 2012, págs. 97-119.
[3] Ley 16/2022, de 5 de septiembre, de reforma del texto refundido de la Ley Concursal, aprobado por el Real Decreto Legislativo 1/2020, de 5 de mayo, para la transposición de la Directiva (UE) 2019/1023 del Parlamento Europeo y del Consejo, de 20 de junio de 2019, sobre marcos de reestructuración preventiva, exoneración de deudas e inhabilitaciones, y sobre medidas para aumentar la eficiencia de los procedimientos de reestructuración, insolvencia y exoneración de deudas, y por la que se modifica la Directiva (UE) 2017/1132 del Parlamento Europeo y del Consejo, sobre determinados aspectos del Derecho de sociedades (Directiva sobre reestructuración e insolvencia).

insolvencia de forma directa, al posibilitar una reestructuración temprana y rápida, pero también de forma indirecta, al liberar recursos administrativos y descongestionar el procedimiento concursal, permitiendo así una gestión más rápida de los concursos.

El Derecho preconcursal está regulado en el Libro segundo del Texto Refundido de la Ley Concursal, arts. 583 al 684.

El TRLC define los presupuestos, objetivo y subjetivo, que deben concurrir para que un deudor pueda comunicar la apertura de negociaciones con sus acreedores, con los efectos que ello conlleva. Estos presupuestos son los mismos que habilitan a los deudores a pedir directamente la homologación judicial de un plan de reestructuración.

En relación con el **ámbito subjetivo del preconcurso**, cualquier persona natural o jurídica que lleve a cabo una actividad empresarial o profesional podrá efectuar la comunicación de apertura de negociaciones con los acreedores o solicitar directamente la homologación de un plan de reestructuración, a excepción de los deudores establecidos en el art. 583 TRLC.

En cuanto al **cuándo**, la comunicación de apertura de negociaciones o la homologación de un plan de reestructuración procederán cuando el deudor se encuentre **en probabilidad de insolvencia, insolvencia inminente o insolvencia actual** (art. 584 TRLC)[4].

1.2. Comunicación de la apertura de negociaciones con los acreedores

1.2.1. Procedimiento, contenido y aprobación

El procedimiento se inicia con la **comunicación de la apertura de negociaciones** con los acreedores, que deberá hacerse a través de la sede judicial electrónica[5] o por medios telemáticos o electrónicos. Una vez formulada la comunicación, no podrá presentarse otra por el mismo deudor en el plazo de 1 año, a contar desde la presentación.

---

[4] Situaciones descritas en el punto 0 de esta Guía.
[5] Incluidas sedes judiciales electrónicas autonómicas. URL: www.sedejudicial.justicia.es

Sobre el contenido (art. 586 TRLC):

- Las **razones que justifican la comunicación**, con referencia al estado de insolvencia en el que se encuentre.

- El fundamento de la **competencia del juzgado** para conocer de la comunicación.

- La **relación de los acreedores** con los que se haya iniciado o tenga intención de iniciar negociaciones, el importe de los créditos de cada uno de ellos y el importe total de los créditos. Si entre ellos figurasen acreedores especialmente relacionados con el deudor se indicará cuáles tienen esta condición. En el caso de los créditos de derecho público, deberá figurar la fecha de devengo de los mismos.

- **Cualquier circunstancia** existente o sobrevenida que **pueda afectar** al desarrollo o al buen fin de las negociaciones.

- La **actividad o actividades que desarrolle**, así como el **importe del activo y del pasivo**, la **cifra de negocios** y el **número de personas trabajadoras** al cierre del ejercicio inmediatamente anterior a aquel en que presente la comunicación.

- Los **bienes o derechos que se consideren necesarios para la continuidad** de su actividad empresarial o profesional. Si se siguieran ejecuciones contra esos bienes, identificará en la comunicación cada una de las que se encuentren en tramitación.

- Los **contratos necesarios para la continuidad** de su actividad.

- En su caso, la **solicitud por el deudor de nombramiento de experto** en la reestructuración y la **solicitud del carácter reservado** de la comunicación.

- En el caso de que se pretenda que el plan de reestructuración afecte al crédito público, la **acreditación de encontrarse al corriente en el cumplimiento de las obligaciones tributarias y frente a la Seguridad Social** o la declaración del deudor de que no se encuentra en dicha situación.

- Por último, si el deudor es miembro de un grupo de sociedades, deberán identificarse las garantías otorgadas por sociedades del mismo grupo que pretenda sean afectadas por la comunicación.

Auto núm. 1/2023, de 11 de enero, del Juzgado de lo Mercantil núm. 1 de A Coruña: denegación de la solicitud de la deudora para la extensión del efecto suspensivo de las ejecuciones singulares a aquellas que recaigan sobre bienes o derechos no necesarios para la continuidad de la actividad por falta de argumentación.

En este supuesto, la parte deudora solicita que el efecto suspensivo anudado a la comunicación de apertura se extienda a las ejecuciones de bienes o derechos no necesarios. En el texto de la solicitud, la deudora no hace mención alguna a la necesidad de adopción de esta medida para que las negociaciones puedan llegar a buen fin.

El Juzgado entiende que la carencia argumental es de tal calado que no puede ser estimada. A pesar de que, en su configuración normativa, los efectos de la comunicación de apertura de negociaciones gozan de cierta automaticidad, al menos, durante el lapso inicial de 3 meses, es razonable exigir al deudor un mínimo esfuerzo argumentativo sobre la necesaria adopción de la medida. En este supuesto, la denegación de la solicitud se basa en la falta de argumentación.

La aprobación, corresponde al Juzgado de lo Mercantil competente que, en su caso, vaya a conocer del concurso. Sobre la comunicación instada por el deudor, el juzgado se pronunciará conforme se indica en el siguiente cuadro:

ADMISIÓN	INADMISIÓN	CONTENIDO DE LA RESOLUCIÓN JUDICIAL
En el plazo máximo de 2 días, el Letrado de la Administración de Justicia (LAJ) dictará decreto teniendo por efectuada la comunicación, desde la fecha en que se hubiera presentado, si estima que el juzgado es competente para ello y que cumple con todos los requisitos formales. Art. 588.1 TRLC.	Si presentara algún defecto formal la comunicación, el LAJ concederá un plazo de 2 días al solicitante para que lo subsane. Si así fuera, producirá efectos desde la fecha de presentación, pero si no se subsana, la comunicación se tendrá por no efectuada. Art. 588.2 TRLC.	La identidad del deudor o deudores; la justificación de la competencia; la identificación de las ejecuciones necesarias para la continuidad de su actividad; la identificación de las garantías otorgadas; la fecha de la comunicación y de la resolución; el importe del pasivo y la identidad del experto en reestructuración. Art. 590 TRLC.

Gráfico núm. 2. Fuente: elaboración propia.

1.2.2. Efectos

La comunicación no tendrá efecto alguno sobre las facultades de administración y disposición sobre los bienes y derechos que integren el patrimonio del deudor. No obstante, sí puede producir efectos sobre los siguientes aspectos (arts. 594 a 610 TRLC):

EFECTOS
Sobre los créditos
Sobre los contratos
Sobre las acciones y los procedimientos ejecutivos
Sobre las solicitudes de concurso

Gráfico núm. 3. Fuente: elaboración propia.

1. De los efectos de la comunicación sobre los créditos

En relación a los efectos sobre los créditos a plazo, el art. 595 TRLC establece que la comunicación por sí sola no producirá el vencimiento anticipado de los créditos. En cuanto a la garantía de terceros, la apertura de negociaciones conllevará los efectos regulados en el art. 596 TRLC.

2. De los efectos de la comunicación sobre los contratos

La comunicación, por sí sola, no afectará a los contratos con obligaciones recíprocas pendientes de cumplimiento. En particular, se tendrán por no puestas las cláusulas contractuales que prevean la suspensión, modificación, resolución o terminación anticipada del contrato por el mero motivo de la presentación de la comunicación o su admisión a trámite, la solicitud de suspensión general o singular de procedimientos ejecutivos o cualquier otra circunstancia análoga o relacionada con las anteriores (art. 597 TRLC).

Si se tratase de contratos necesarios para la continuidad de la actividad empresarial o profesional del deudor, las facultades de suspender el cumplimiento de las obligaciones de la contraparte o de modificar, resolver o terminar anticipadamente el contrato por incumplimientos anteriores a la comunicación no podrán ejercitarse mientras se mantengan los efectos de la comunicación sobre las acciones y los procedimientos ejecutivos. Quien se considere afectado podrá interponer recurso de revisión si considera que su contrato no es necesario para la continuidad de la actividad empresarial o profesional del deudor (art. 598.2 TRLC).

3. De los efectos de la comunicación sobre las acciones y los procedimientos ejecutivos

- De conformidad con el art. 600 TRLC, **se prohíbe el inicio de ejecuciones** hasta que transcurran 3 meses a contar desde la presentación de la comunicación. Los acreedores no podrán iniciar ejecuciones judiciales o extrajudiciales sobre bienes o derechos necesarios para la continuidad de la actividad empresarial o profesional del deudor.
- En cuanto a **la suspensión legal de las ejecuciones en tramitación**, se establece que las autoridades que estuvieren conociendo de ejecuciones judiciales o extrajudiciales sobre los referidos bienes o derechos necesarios para la continuidad de la actividad empresarial o profesional del deudor las suspenderán de manera automática desde que reciban la resolución del juzgado teniendo por efectuada la comunicación de inicio de negociaciones con los acreedores hasta que transcurran 3 meses a contar desde la comunicación efectuada por el deudor al juzgado competente, salvo que el deudor haya solicitado prórroga.
- El deudor puede solicitar en cualquier momento al juez que **extienda la prohibición de inicio de ejecuciones**, judiciales o extrajudiciales, o la suspensión de las ya iniciadas sobre todos o algunos de los derechos y bienes, aunque no sean necesarios para la continuidad de la actividad empresarial o profesional del deudor. Esta prohibición de inicio o suspensión de ejecuciones se puede solicitar respecto de uno o varios acreedores o respecto de una o varias clases de ellos, siempre que sea necesario para asegurar el buen fin de las negociaciones.

La suspensión o prohibición de ejecuciones no será de aplicación a los procedimientos de ejecución de los acreedores públicos ni a las reclamaciones de créditos que legalmente no puedan quedar afectados por el plan de reestructuración, **incluidos los créditos derivados de las relaciones laborales distintas de las del personal de alta dirección** (arts. 605 y 606 TRLC).

4. De los efectos sobre las solicitudes de concurso

Las solicitudes de concurso presentadas antes de la comunicación que aún no hayan sido admitidas a trámite quedarán en suspenso durante el mismo periodo de tiempo, mientras no transcurran 3 meses desde la comunicación o finalización de la prórroga.

Las presentadas después de la comunicación por otros legitimados distintos del deudor se repartirán al juzgado que hubiera tenido por efectuada la comunicación, pero no se admitirán a trámite mientras no transcurra el plazo de 3 meses a contar desde la comunicación o finalización de la prórroga.

1.3. Planes de reestructuración

Uno de los grandes cambios de la norma son los planes de restructuración. La finalidad del plan de reestructuración es su aprobación por las partes interesadas para que las medidas adoptadas constituyan acuerdos de obligado cumplimiento por todas ellas con el objetivo de mantener la actividad empresarial y favorecer a los acreedores. Se considerarán planes de reestructuración (art. 614 TRLC) los que tengan por objeto la modificación de la composición, de las condiciones o de la estructura del activo y del pasivo del deudor, o de sus fondos propios, incluidas las transmisiones de activos, unidades productivas o de la totalidad de la empresa en funcionamiento, así como cualquier cambio operativo necesario, o una combinación de estos elementos.

Las empresas pueden acogerse a los planes de reestructuración en probabilidad de insolvencia, de insolvencia inminente e insolvencia actual, aunque esta última con determinadas excepciones[6]. En la regulación de los planes de reestructuración, se ha preservado el carácter flexible de los extintos acuerdos de refinanciación.

---

[6] Por ejemplo: no se admitirá cuando exista una solicitud previa de concurso necesario. CAMPU-ZANO, A. B.: «Los estados de insolvencia», *Anuario de Derecho Concursal* núm. 58/2023. Editorial Civitas, pág. 20.

PLANES DE REESTRUCTURACIÓN

Son aquellos que tienen por objeto las modificaciones, en el seno del deudor, de sus elementos financieros, operativos o cualquier combinación de ambos.

Los planes de reestructuración deberán ser **formalizados en instrumento público** por quienes lo hayan suscrito y tienen que **contener, como mínimo**, las menciones estipuladas en el art. 633 TRLC. La **propuesta del plan de reestructuración deberá ser comunicada a todos los acreedores cuyos créditos pudieran quedar afectados y sometida a su posterior aprobación mediante votación**.

Los acreedores afectados por el plan tienen derecho de voto. En el caso de los créditos con garantía personal o real de tercero, la legitimación para ejercitar el derecho de voto corresponde al acreedor principal. En función de la clase de créditos que contenga el plan de reestructuración, se requerirá una mayoría para su aprobación (créditos afectados 2/3, créditos con garantía real 3/4 del importe del pasivo de cada clase).

Los créditos derivados de relaciones laborales distintas de las del personal de alta dirección no pueden quedar afectados por el plan de reestructuración (art. 616.2 TRLC).

Transcurridos 3 meses desde la comunicación o el plazo de prórroga, el deudor que no haya alcanzado un plan de reestructuración deberá solicitar la declaración de concurso dentro del mes siguiente, salvo que no se encontrara en estado de insolvencia actual (art. 611 TRLC).

1.3.1. Homologación

La Ley prevé que los acuerdos deban ser homologados por el juez a fin de garantizar determinados derechos frente a terceros o frente a los propios interesados cuando no ha habido unanimidad en la aprobación de las medidas propuestas (arts. 635 y ss. TRLC).

Para ser homologado, el plan de reestructuración debe cumplir determinados requisitos, en función de que haya sido aprobado por todas las clases de acreedores, se denominarán planes consensuales; en caso contrario, planes no consensuales.

PLANES CONSENSUALES

- Que el deudor se encuentre en probabilidad de insolvencia, insolvencia inminente o actual y el plan ofrezca una perspectiva razonable de evitar el concurso y asegurar la viabilidad de la empresa en el corto y medio plazo.
- Que cumpla con los requisitos de contenido y de forma exigidos.
- Que haya sido aprobado por todas las clases de créditos, por el deudor o, en su caso, por los socios.
- Que los créditos dentro de la misma clase sean tratados de forma paritaria.
- Que haya sido comunicado a todos los acreedores afectados.

PLANES NO CONSENSUALES

- Aprobado por una mayoría simple de las clases, siempre que al menos una de ellas sea una clase de créditos que en el concurso habrían sido calificados como créditos con privilegio especial o general; o, en su defecto, por al menos una clase que, de acuerdo con la clasificación, pueda razonablemente presumirse que hubiese recibido algún pago tras una valoración de la deudora como empresa en funcionamiento.

Gráfico núm. 4. Fuente: elaboración propia.

Auto núm. 81/2024, de 6 de marzo, del Juzgado de lo Mercantil núm. 1 de Sevilla: verificación de los requisitos exigidos a los planes de reestructuración.

Se deniega la homologación de un plan de reestructuración conjunto de dos sociedades tras un análisis pormenorizado del cumplimiento de los requisitos, incluso pronunciándose sobre aspectos cuya revisión parecía reservada a su confrontación por acreedores disidentes en un eventual contradictorio previo o bien tras la correspondiente impugnación de la homologación.

Auto núm. 697/2023, de 20 de noviembre, del Juzgado de lo Mercantil núm. 12 de Madrid: denegación del plan de reestructuración consensual por no acreditarse la viabilidad de la empresa tras la reestructuración.

El auto pone de manifiesto cómo el papel del juez no conlleva solo un control formal de los requisitos, incluso a pesar de que el deudor solicitante tuviera la conformidad mayoritaria de los acreedores financieros afectados y se respetasen los requisitos estrictamente formales, sino que se extiende también al control de los aspectos de fondo que se vulneren manifiestamente.

En este caso, la sociedad deudora carece de actividad y no se prevé que se vaya a reiniciar tras la reestructuración. Ello evidencia que el plan presentado «*está simplemente concebido como un mecanismo para gestionar los futuros cobros y pagos pendientes a fin de facilitar una extinción ordenada de la compañía, lo que excede del objeto y finalidad del instituto preconcursal regulado en el Libro II*», y, por ello, deniega la homologación judicial.

En el siguiente gráfico, se refleja el procedimiento de homologación de los planes de reestructuración en el procedimiento preconcursal (arts. 641 a 652 TRLC).

El juez que conoce la homologación de un plan de reestructuración es el juzgado de lo mercantil competente para la declaración del concurso del deudor.

La solicitud puede presentarse por el deudor, o por cualquier acreedor afectado, siendo preceptiva la intervención de abogado y procurador.

El juez homologará el plan salvo que no cumpla los requisitos.
El auto de homologación del plan se publicará en el Registro Público Concursal.

Los efectos del plan de reestructuración se extienden inmediatamente a todos los créditos afectados, al propio deudor y, si fuera sociedad, a sus socios, aunque el auto no sea firme.

El auto de homologación del plan de reestructuración puede ser impugnado ante la Audiencia Provincial, sin efectos suspensivos.

Gráfico núm. 5. Fuente: elaboración propia.

SAP Pontevedra núm. 179/2023, de 10 de abril: la impugnación de la homologación de un plan de reestructuración.

En este supuesto (caso Xeldist), su plan de reestructuración fue homologado por el Juzgado de lo Mercantil número 3 de Pontevedra.

La Audiencia considera que existen razones objetivas que justifican distinto trato a los efectos de la configuración de clases y que éstas se han desarrollado de forma anómala y artificiosa. En el mismo sentido, se pronuncia sobre la deuda afectada y la no afectada o sobre el trato menos favorable hacia acreedores del mismo rango.

Por todo ello, la Audiencia acoge alguno de los motivos de impugnación y determina la no extensión de los efectos del plan a los acreedores impugnantes, subsistiendo los efectos de la homologación respecto de los demás acreedores y los socios.

Una vez homologado un plan de reestructuración, no podrá hacerse otra solicitud de homologación respecto del mismo deudor hasta que transcurra 1 año a contar desde la fecha de solicitud de la homologación del plan anterior.

En caso de incumplimiento del plan de reestructuración por insolvencia, cualquier persona legitimada podrá solicitar la declaración de concurso (art. 671 TRLC).

1.4. El experto en reestructuración

El experto en reestructuración asistirá al deudor y a los acreedores en las negociaciones y en la elaboración del plan de reestructuración (arts. 672 y ss. TRLC).

Ejercerá las funciones propias del cargo con la diligencia, independencia e imparcialidad tanto respecto del deudor como de los acreedores. Responderá por los daños y perjuicios causados al deudor o a los acreedores por infracción de los deberes de diligencia.

El nombramiento del experto en reestructuración procederá en los siguientes casos:

1. Cuando lo solicite el deudor.

2. Cuando lo soliciten acreedores que representen más del 50 % del pasivo que, en el momento de la solicitud, pudiera quedar afectado por el plan de reestructuración. En la solicitud, los acreedores, o algunos de ellos, deberán asumir expresamente la obligación de satisfacer la retribución del experto.

3. Cuando, solicitada por el deudor la suspensión general de ejecuciones singulares o la prórroga de esa suspensión, el juez considerase, y así lo razonara, que el nombramiento es necesario para salvaguardar el interés de los posibles afectados por la suspensión.

4. Cuando el deudor o cualquier legitimado solicite la homologación judicial de un plan de reestructuración cuyos efectos se extiendan a una clase de acreedores o a los socios que no hubieran votado a favor del plan.

NOMBRAMIENTO

- Deberá recaer en la persona natural o jurídica que tenga los conocimientos especializados, jurídicos, financieros y empresariales, así como experiencia en materia de reestructuraciones o que acredite cumplir los requisitos para ser administrador concursal.
- Se realizará por el juez mediante auto, dentro del plazo de 2 días a contar desde la solicitud. La designación del experto y su identidad se harán constar en el Registro Público Concursal.

INCOMPATIBILIDADES Y PROHIBICIONES

- Quienes hayan prestado servicios profesionales relacionados con la reestructuración al deudor o a personas especialmente relacionadas con este en los últimos 2 años.
- Quienes se encuentren en alguna de las situaciones de incompatibilidad previstas en la legislación en materia de auditoría de cuentas.

Gráfico núm. 6. Fuente: elaboración propia.

Auto núm. 2/2023, de 25 de abril, del Juzgado de lo Mercantil núm. 19 de Madrid: nombramiento obligatorio de experto.

El auto expone cual es el trámite previsto en el precepto para el nombramiento del experto en reestructuración. En este supuesto, considera que el solicitante es titular de un crédito que representa más del 50 % del pasivo que habría de quedar afectado por el plan; la solicitud reúne el resto de requisitos establecidos en el art. 672.1. 2.º TRLC y se han acompañado los documentos exigidos en el art. 672.2 TRLC. También resulta que el experto propuesto cuenta, en principio, con las condiciones subjetivas del art. 674 TRLC, y no consta ninguna causa de incompatibilidad o prohibición (art. 675 TRLC).

1.5. Régimen especial para pymes

Este régimen especial se aplica a las personas naturales o jurídicas que lleven a cabo una actividad empresarial o profesional, siempre que, de acuerdo con el balance del ejercicio anterior al que se haga la comunicación o se presente la solicitud de homologación, reúnan las circunstancias siguientes (art. 682 TRLC):

- Que el número medio de personas trabajadoras empleadas durante el ejercicio anterior no sea superior a 49.

- Que el volumen de negocios anual o balance general anual no supere los 10 millones de euros.

Las especialidades de este régimen afectan a las siguientes materias:

- Comunicación:

  — El deudor debe especificar que en él concurren las circunstancias del art. 682 TRLC. En caso contrario, la comunicación quedará sin efecto y el deudor no podrá efectuar otra hasta que transcurra 1 año.

  — La tramitación de solicitud de declaración de concurso presentada por el deudor no se podrá suspender a instancia de los acreedores, ni del experto en reestructuración.

— Los efectos de la comunicación de apertura de negociaciones a solicitud del deudor podrán prorrogarse por una sola vez.

• Plan de reestructuración:

— Se podrá presentar en el modelo oficial, que estará disponible por medios electrónicos en la sede judicial electrónica, en las notarías u oficinas del Registro Mercantil y estará adaptado a las necesidades de las pequeñas empresas.

— La homologación del plan de reestructuración solo podrá solicitarse si el deudor y, en su caso, los socios de la sociedad deudora lo hubieran aprobado.

— La confirmación facultativa de las clases de acreedores solo podrá ser solicitada por el deudor.

— **Aunque no haya sido aprobado por todas las clases de acreedores**, el plan de reestructuración podrá ser homologado si la clase o clases de acreedores que no lo hayan aprobado reciben un trato más favorable que cualquier otra clase de rango inferior.

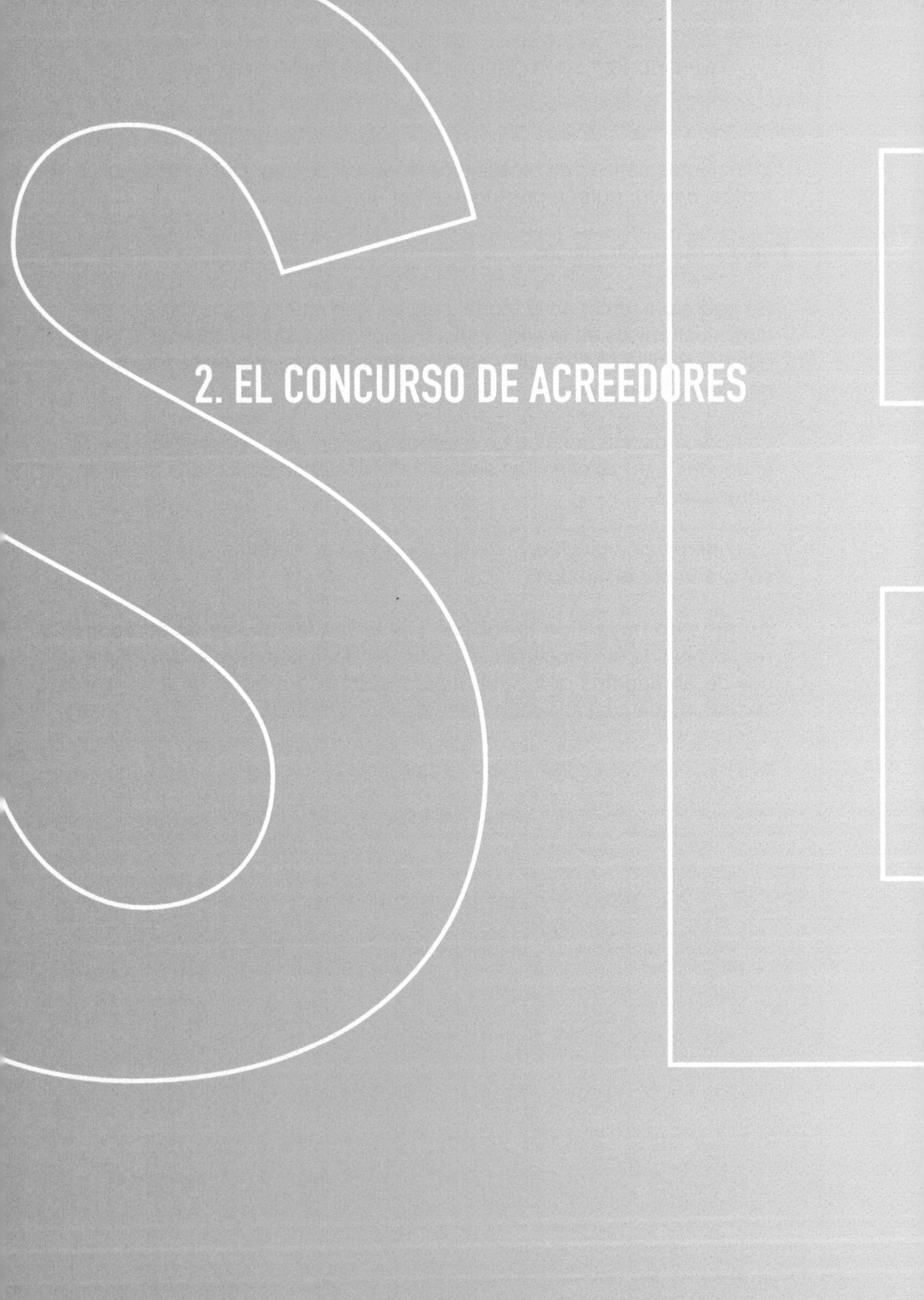

2. EL CONCURSO DE ACREEDORES

2. EL CONCURSO DE ACREEDORES

2.1. Definición y presupuestos de concurso: subjetivo y objetivo

El concurso de acreedores es la herramienta jurídica que debe utilizar el deudor que se encuentre en una situación de insolvencia con el objetivo de conservar la empresa o, en su caso, procurar un cierre ordenado de la misma a fin de satisfacer el máximo de deudas posibles frente a los acreedores.

Presupuesto subjetivo

De conformidad con el art. 1 TRLC, la declaración de concurso procederá respecto de cualquier deudor, sea persona natural o jurídica, a excepción de:

- Los deudores incluidos en el ámbito de aplicación del Libro tercero relativo al procedimiento especial de microempresas.
- Las entidades que integran la organización territorial del Estado, los organismos públicos y demás entes de derecho público.

Presupuesto objetivo

La empresa, podrá declarase en concurso en caso de insolvencia del deudor. La insolvencia podrá ser actual o inminente (art. 2 TRLC)[7].

---

[7] Situaciones descritas en el punto 0 de esta Guía.

Una empresa se encuentra en situación de insolvencia cuando se den algunos de los siguientes hechos externos reveladores de tal estado, en cuyo caso los acreedores podrán solicitar la declaración de concurso:

* La existencia de una previa declaración judicial o administrativa de insolvencia del deudor, siempre que sea firme.
* La existencia de un título por el cual se haya despachado mandamiento de ejecución o apremio sin que del embargo hubieran resultado bienes libres conocidos bastantes para el pago.
* La existencia de embargos por ejecuciones en curso que afecten de una manera general al patrimonio del deudor.
* El sobreseimiento generalizado en el pago corriente de las obligaciones del deudor.
* El alzamiento o la liquidación apresurada o ruinosa de sus bienes por el deudor.
* Y, por último, el sobreseimiento generalizado en el pago de:

  - Las obligaciones tributarias exigibles durante los 3 meses anteriores a la solicitud de concurso.
  - Las cuotas de la Seguridad Social y demás conceptos de recaudación conjunta durante el mismo período.
  - Los salarios e indemnizaciones a las personas trabajadoras y demás retribuciones derivadas de **las relaciones de trabajo** correspondientes a las 3 últimas mensualidades.

2.2. Esquema del concurso

Gráfico núm. 7. Fuente: elaboración propia.

2.3. Personas legitimadas. Solicitud de concurso

Personas legitimadas

Los legitimados por el TRLC para solicitar la declaración del concurso son:

- El propio deudor.
- Los acreedores.
- El órgano de administración o de liquidación si el deudor fuera persona jurídica.
- Consejeros delegados.
- Los socios responsables de las deudas sociales.
- Los herederos del deudor fallecido.
- Los administradores de la herencia.

Solicitud del concurso

El inicio del procedimiento concursal no se produce de oficio, sino que requiere una previa solicitud de cualquiera de los sujetos legitimados. La solicitud de declaración de concurso puede provenir del mismo deudor (concurso voluntario) o de alguno de sus acreedores u otros sujetos legitimados (concurso necesario).

Solicitud de la declaración de concurso por parte del deudor: voluntario (arts. 5 a 11 TRLC)

CONCURSO VOLUNTARIO

Lo solicita el propio deudor. Si el deudor es persona jurídica, el órgano de administración o de liquidación. El concursado conservará las facultades de administración y disposición sobre la masa activa, pero el ejercicio de estas facultades estará sometido a la autorización de la administración concursal, que podrá aceptar o denegar según tenga por conveniente (art. 106 TRLC).

El deudor que solicite la declaración de concurso deberá justificar su endeudamiento y su estado de insolvencia. Podrá hacerlo no solo en caso de insolvencia actual sino, también, en caso de insolvencia inminente (art. 6.1 TRLC).

Auto Sala Civil núm. 27/2021, de 25 de febrero, de la Audiencia Provincial de Barcelona: denegación de solicitud de concurso voluntario por falta de evidencia de insolvencia inminente.

«La insolvencia es inminente cuando aún no se ha producido la imposibilidad de regular el cumplimiento de las obligaciones, pero el deudor prevea que se producirá en un futuro próximo. Los términos literales en los que el legislador se refiere a la insolvencia inminente parecen dar a entender que es el deudor quien únicamente está facultado para apreciarla».

Solicitud de la declaración de concurso por parte de los acreedores y otros legitimados: necesario (arts. 13 y ss. TRLC)

CONCURSO NECESARIO

Lo solicitan los acreedores del deudor o los socios personalmente responsables de la deuda. El concursado tendrá suspendido el ejercicio de las facultades de administración y disposición sobre la masa activa. La administración concursal sustituirá al deudor en el ejercicio de esas facultades (art. 106 TRLC).

En este supuesto es preciso que se demuestre que el deudor se encuentra en estado de insolvencia.

Las personas trabajadoras podrán acudir al juez para que declare el concurso en el caso de impago de los salarios e indemnizaciones y demás retribuciones derivadas de las relaciones de trabajo correspondientes a las 3 últimas mensualidades (art. 2.4. 5.º TRLC).

Contenido básico de las solicitudes de declaración de concurso

SOLICITUD DE ACREEDOR Y DE OTROS LEGITIMADOS

Se presentará por procurador en el modelo oficial, con la firma de este y de abogado, ante los Juzgados de lo Mercantil.

ACREEDOR

Deberá expresar/acreditar:

- El origen.
- La naturaleza.
- El importe.
- Las fechas de adquisición y vencimiento.
- La situación actual del crédito.
- El hecho o los hechos externos reveladores del estado de insolvencia.

OTROS LEGITIMADOS

Deberán expresar el carácter en que formulan la solicitud, y acompañarán el documento del que resulte la legitimación para solicitar la declaración de concurso, o propondrán la prueba que consideren necesaria para acreditarla.

SOLICITUD DEL DEUDOR   FORMA

Arts. 6, 7, 8 y 9 TRLC
Se presentará por procurador en el modelo oficial, con la firma de este y de abogado, ante los Juzgados de lo Mercantil.

CONTENIDO

- Una memoria expresiva de la historia económica y jurídica del deudor; de las actividades de los 3 últimos años y de los establecimientos y oficinas, y de las causas del estado de insolvencia.
- Inventario de bienes y derechos que integren su patrimonio.
- La relación de acreedores y número de personas trabajadoras.

EXCEPCIÓN: La representación y defensa de las personas trabajadoras en el procedimiento concursal se tramitará conforme a lo establecido en la Ley reguladora de la jurisdicción social (LRJS), incluidas las facultades atribuidas a los graduados sociales y a los sindicatos para el ejercicio de cuantas acciones y recursos sean precisos en el proceso concursal para la efectividad de los créditos y derechos laborales (art. 513.2 TRLC).
Los sindicatos estarán exentos de efectuar depósitos y consignaciones en todas sus actuaciones y gozarán del beneficio legal de justicia gratuita cuando ejerciten un interés colectivo en defensa de las personas trabajadoras y beneficiarias de la Seguridad Social (Disposición final tercera Ley 16/2022).

Gráfico núm. 8. Fuente: elaboración propia.

2.4. Declaración del concurso

Una vez presentada la solicitud, el juez comprobará que el deudor se encuentra en una situación de insolvencia y resuelve por auto si la admite. El auto de declaración del concurso es la resolución judicial que inicia el proceso concursal. La declaración de concurso implica la apertura de la fase común del mismo.

El auto de declaración de concurso contendrá los pronunciamientos regulados en los arts. 28 y ss. TRLC.

Si el deudor fuera empleador, el auto de declaración de concurso se notificará a la representación legal de las personas trabajadoras (RLT) incluso en los supuestos en los que no se hubiese personado o no hubiera comparecido como parte en el procedimiento[8].

2.5. Efectos de la declaración del concurso

El inicio del proceso concursal tiene una serie de efectos o consecuencias para el deudor, los créditos, los contratos y las acciones individuales.

Sin perjuicio de que, en la segunda parte de esta guía, se desarrollen los efectos del concurso en el ámbito de las relaciones laborales, el siguiente esquema expone un resumen básico de los mismos.

---

[8] Será importante tener en cuenta que, si no hay representación legal de las personas trabajadoras, solo tendrán conocimiento formal de la existencia del concurso a través del BOE, Registro Público Concursal o de la inscripción en el Registro Mercantil.

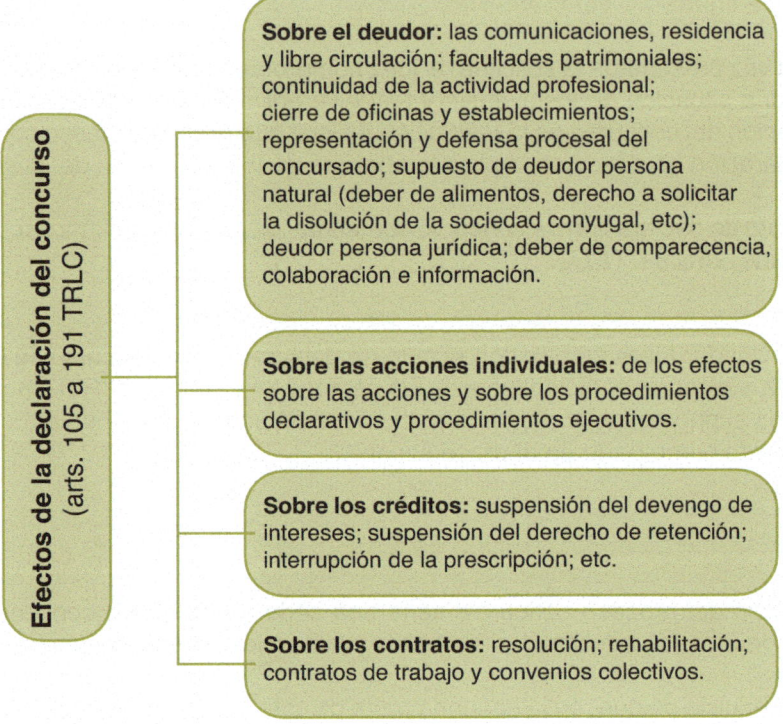

Efectos de la declaración del concurso (arts. 105 a 191 TRLC)

Sobre el deudor: las comunicaciones, residencia y libre circulación; facultades patrimoniales; continuidad de la actividad profesional; cierre de oficinas y establecimientos; representación y defensa procesal del concursado; supuesto de deudor persona natural (deber de alimentos, derecho a solicitar la disolución de la sociedad conyugal, etc); deudor persona jurídica; deber de comparecencia, colaboración e información.

Sobre las acciones individuales: de los efectos sobre las acciones y sobre los procedimientos declarativos y procedimientos ejecutivos.

Sobre los créditos: suspensión del devengo de intereses; suspensión del derecho de retención; interrupción de la prescripción; etc.

Sobre los contratos: resolución; rehabilitación; contratos de trabajo y convenios colectivos.

Gráfico núm. 9. Fuente: elaboración propia.

2.6. La administración concursal

En el auto de declaración del concurso, el juez designará a la administración concursal (AC) (arts. 57 a 104 TRLC). Estamos ante un órgano que se encarga de estudiar la situación de la empresa y administrarla a fin de obtener los mejores beneficios para todas las partes afectadas.

Composición de la administración concursal (arts. 57 y ss. TRLC)

- La AC estará integrada por un único miembro, que podrá ser persona natural o jurídica. Deben estar inscritas en la sección cuarta del Registro Público Concursal[9].

---

[9] Regulado por el Real Decreto 892/2013, de 15 de noviembre, se configuró como una herramienta pública para la difusión y publicidad de las resoluciones adoptadas por los juzgados de lo mercantil

- En aquellos concursos en que concurra causa de interés público, el juez del concurso, de oficio o a instancia de un acreedor de carácter público, podrá nombrar como segundo administrador concursal a una Administración pública acreedora o a una entidad de derecho público acreedora vinculada o dependiente de aquella.

Funciones más importantes de la administración concursal

Sus funciones son muchas y muy amplias, la principal es la de dirigir las acciones económicas del concursado para atenuar la situación de insolvencia y que pueda seguir llevando a cabo su actividad económica. Para ello, podrá realizar contratos y acuerdos mercantiles, cumplirá con las obligaciones contables, fiscales y laborales, convocará y participará en las juntas o asambleas de socios, y podrá ser nombrado experto en reestructuraciones, conforme a los requisitos establecidos en el art. 674 TRLC.

Otra de sus funciones más relevantes es la redacción del informe concursal (art. 290 y ss. TRLC), que deberá ser presentado al juzgado dentro de los 2 meses siguientes desde la fecha de aceptación de su cargo (salvo prórroga del juez).

La administración concursal comunicará sin demora la declaración de concurso a la RLT, informándoles de su derecho a personarse como parte en el procedimiento (art. 254 TRLC).

---

y de los asientos registrales derivados del proceso concursal, acuerdos extrajudiciales, así como los mecanismos de coordinación entre los diversos registros públicos en los que deban constar la declaración del concurso y sus vicisitudes. Se accede a él de forma gratuita, a través de la url www.publicidadconcursal.es, cualquier acreedor podrá encontrar la siguiente información de acceso libre: los edictos concursales, las resoluciones concursales, y la información sobre los procedimientos para alcanzar los acuerdos extrajudiciales de pagos, así como las previsiones de publicidad edictal del proceso de homologación judicial de los acuerdos de refinanciación.

CONTENIDO DE LA COMUNICACIÓN DEL ACREEDOR

Nombre, domicilio y demás datos de identidad del acreedor. Concepto, cuantía, fechas de adquisición y vencimiento del crédito, características y clasificación que se pretenda. Si se invoca un privilegio especial, se indicará los bienes o derechos de la masa activa a las que afecte y, en su caso, los datos registrales.	Dirección postal o dirección electrónica del acreedor para que la administración concursal realice cuantas comunicaciones resulten necesarias o convenientes.	Copia del título o de los documentos relativos al crédito. Salvo que los títulos o documentos figuren inscritos en un registro público, la AC podrá solicitar los originales o copias autorizadas de los títulos o documentos aportados, así como cualquier otra justificación que considere necesaria para el reconocimiento del crédito.

Gráfico núm. 10. Fuente: elaboración propia.

2.7. Fases del concurso

El concurso de acreedores se articula en cuatro fases (art. 508 TRLC):

FASE COMÚN (arts. 30 a 314 TRLC)

Sección 1.ª: Declaración del concurso.
Sección 2.ª: Administración concursal.
Sección 3.ª: Masa activa.
Sección 4.ª: Masa pasiva.

FASE CONVENIO (arts. 315 a 405 TRLC)

Sección 5.ª: Convenio del concurso.

FASE LIQUIDACIÓN (arts. 406 a 440 TRLC)

Sección 5.ª: Liquidación del concurso.

FASE CALIFICACIÓN (arts. 441 a 464 TRLC)

Sección 6.ª: Calificación del concurso.

Gráfico núm. 11. Fuente: elaboración propia.

Sin embargo, conviene precisar que cada concurso sigue un cauce ajustado a sus peculiaridades. Por ejemplo, puede haber reapertura, pueden existir acuerdos de refinanciación, que no supongan la apertura de la fase del convenio e incluso la situación de declaración de concurso culpable. De modo que, no todas las fases son de obligado cumplimiento, sino que ello depende fundamentalmente de las circunstancias del deudor y del objetivo pretendido.

2.7.1. Fase común

La primera fase, llamada fase común, es en la que principalmente se determina la masa activa y pasiva. Abarca desde el auto de declaración del concurso, hasta la consolidación del inventario y la lista de acreedores.

SECCIÓN PRIMERA	Declaración del concurso	Declaración de concurso, medidas cautelares, conclusión y, en su caso, reapertura del concurso.
SECCIÓN SEGUNDA	Administración concursal	Nombramiento y cese del titular o titulares de este órgano. En esta sección se incluirá en pieza separada: el informe de la AC con los documentos que lo acompañen y, en su caso, la relación definitiva de acreedores.
SECCIÓN TERCERA	Determinación de la masa activa	En esta sección se incluirá en pieza separada cada uno de los incidentes relativos a la reintegración y a la reducción de la masa activa.
SECCIÓN CUARTA	Determinación de la masa pasiva	Determinación de la masa pasiva, comunicación, reconocimiento, graduación y clasificación de los créditos concursales y pago de los acreedores.

2.7.1.a) Masa activa, masa pasiva

Masa Activa (art. 192 TRLC): la masa activa del concurso está constituida por la totalidad de los bienes y derechos integrados en el patrimonio del concursado a la fecha de la declaración de concurso y por los que se reintegren al mismo o adquiera hasta la conclusión del procedimiento. Se exceptúan aquellos bienes y derechos que, aun teniendo carácter patrimonial, sean legalmente inembargables.

Masa Pasiva (art. 251 TRLC): todos los créditos contra el deudor, ordinarios o no, a la fecha de la declaración de concurso, cualquiera que sea la nacionalidad y el domicilio del acreedor, quedarán de derecho integrados en la masa pasiva, estén o no reconocidos en el procedimiento, salvo que tengan la consideración de créditos contra la masa.

2.7.1.b) Créditos extraconcursales (contra la masa)

Créditos contra la masa (art. 242 TRLC): los créditos contra la masa, que serán satisfechos siempre antes que los créditos concursales, son los derivados de gastos y costas del procedimiento, las obligaciones contraídas por la administración concursal durante el mismo, los generados por la continuación de la actividad empresarial del concursado después de la declaración del concurso (el pago de créditos, las indemnizaciones por resolución de contratos, etc.), así como los demás créditos a los que el TRLC ha atribuido esta naturaleza. Los créditos contra la masa (a diferencia de los créditos concursales) pueden ser satisfechos durante el procedimiento en cualquier momento, sin necesidad de esperar a la apertura de la fase de liquidación.

2.7.1.c) Créditos concursales (art. 269 y ss. TRLC)

Tal y como indica el art. 269 TRLC, los créditos concursales son deudas existentes antes de la declaración del concurso y se incluyen en la masa pasiva. Se clasifican conforme al siguiente esquema[10]:

---

[10] En la Parte II de esta guía, se desarrolla el tratamiento de los créditos de carácter laboral.

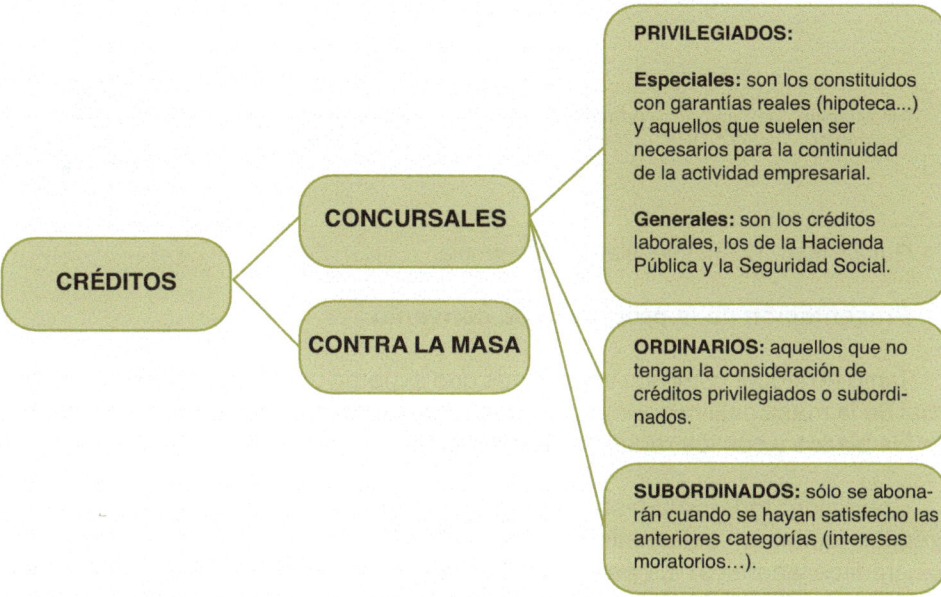

Gráfico núm. 12. Fuente: elaboración propia.

La satisfacción del pago se producirá en este orden: créditos contra la masa, créditos con privilegio especial, créditos con privilegio general, créditos ordinarios y créditos subordinados.

2.7.2. Fase de convenio

El concurso de acreedores terminará con una de estas dos soluciones alternativas, entre las que el deudor, en principio, puede optar: la celebración de un convenio entre el concursado y sus acreedores o bien la liquidación ordenada del patrimonio del deudor.

Esquema de la fase de convenio:

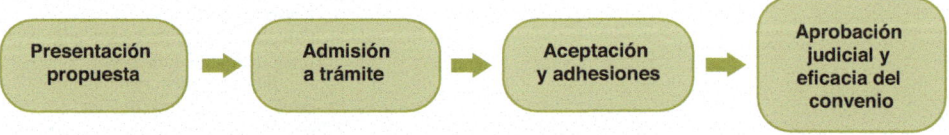

Gráfico núm. 13. Fuente: elaboración propia.

Presentación de la propuesta de convenio

Tanto el deudor como los acreedores que superen una quinta parte del importe total de la masa pasiva podrán presentar por escrito una propuesta de convenio, en los plazos y con los requisitos previstos por los arts. 315 y ss. TRLC.

Contenido: toda propuesta deberá incluir una reducción del importe de los créditos (quita), un aplazamiento de su exigibilidad (espera) o ambas (incluidos los créditos laborales). La espera no podrá ser superior a 10 años. Debe formularse por escrito y firmarse por el deudor o por todos los acreedores proponentes, o por sus respectivos representantes.

Deberá ir acompañada de un plan de pagos y, en determinados casos, además, de un plan de viabilidad en el que se especifiquen cuáles van a ser los recursos y las condiciones que vaya a obtener el concursado para cumplir con los compromisos pactados. La presentación de la propuesta de convenio ante el juez del concurso se realizará de conformidad con los arts. 337 y 338 TRLC.

La resolución que admita a trámite cualquier propuesta de convenio se trasladará a la administración concursal para que, en el plazo improrrogable de 10 días, presente evaluación de la misma.

Aceptación y adhesiones del convenio

Para alcanzar un convenio de acreedores es preciso lo siguiente:

*   Que la propuesta de convenio presentada por el deudor sea aceptada mayoritariamente por la colectividad de los acreedores, mediante la adhesión a la misma dentro de los plazos y con los efectos establecidos en el TRLC.

- Que el deudor o concursado acepte la propuesta o propuestas de convenio presentadas por los acreedores dentro del plazo para las adhesiones.

Aprobación judicial y eficacia del convenio

El convenio aceptado por los acreedores y por el deudor deberá ser aprobado por el juez (arts. 381 y ss. TRLC). Solo a partir de ese momento adquiere plena eficacia, y vinculará tanto al deudor como a los acreedores, ordinarios y subordinados. Los acreedores privilegiados, como regla general, únicamente se verán afectados por el convenio si se han adherido expresamente al mismo, aunque se prevén algunas excepciones (art. 393 y ss. TRLC).

2.7.3. Fase de liquidación

La fase de liquidación se abrirá siempre que lo solicite el deudor, así como cuando no se presenten, no se acepten o no se aprueben judicialmente las propuestas de convenio. También procede la apertura de la fase de liquidación cuando se incumpla o sea anulado un convenio aprobado o cuando el deudor conozca la imposibilidad de cumplir los pagos y obligaciones asumidos en él.

Esquema de la fase de liquidación:

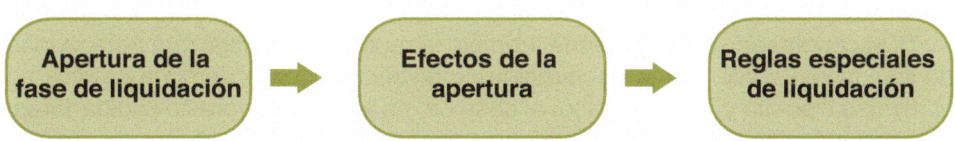

Gráfico núm. 14. Fuente: elaboración propia.

Apertura de la fase de liquidación

La liquidación de la empresa la puede solicitar el deudor en cualquier momento del procedimiento o cualquier acreedor si aprecia la imposibilidad de cumplir con los pagos comprometidos y las obligaciones contraídas. También podrá hacerlo la AC, en caso de cese de la actividad profesional o empresarial. Se acordará la apertura de la fase de liquidación de oficio:

- Si no se ha presentado dentro del plazo legal ninguna propuesta de convenio o no han sido admitidas a trámite las que hubieren sido presentadas.

- Si no se ha aceptado por los acreedores ninguna propuesta de convenio.
- Si se ha rechazado por resolución judicial firme el convenio aceptado por los acreedores.
- Si se ha declarado por resolución judicial firme la nulidad del convenio aprobado por el juez.
- Si se ha declarado por resolución judicial firme el incumplimiento del convenio.

Efectos de la apertura

Si el concursado fuera persona natural la apertura de la fase de liquidación producirá los siguientes efectos (art. 413 TRLC):

- La suspensión del ejercicio de las facultades de administración y de disposición del concursado sobre los bienes y derechos que integran la masa activa.
- La extinción del derecho a alimentos con cargo a la masa activa, salvo cuando fuere imprescindible para atender a las necesidades mínimas del concursado, su cónyuge o pareja de hecho inscrita, descendientes bajo su potestad y ascendientes a su cargo.
- El derecho a solicitar la exoneración del pasivo insatisfecho, si concurren los presupuestos y requisitos establecidos en el TRLC[11].

Si la concursada fuera persona jurídica, la resolución judicial que abra la fase de liquidación contendrá la declaración de disolución si esa persona jurídica no estuviese disuelta y, en todo caso, el cese de los administradores o liquidadores, que serán sustituidos a todos los efectos por la AC.

---

[11] En el punto cuarto de la Parte I y en la Parte II de esta guía se desarrolla el tratamiento de la segunda oportunidad o exoneración del pasivo insatisfecho.

STS núm. 227/2017, de 6 de abril: abierta la fase de liquidación no se pueden embargar bienes y derechos del deudor.

El TS estima el recurso de casación interpuesto por la administración concursal y confirma el alzamiento de los embargos trabados por la TGSS por créditos contra la masa. Declara la Sala que la TGSS, para la satisfacción de un crédito contra la masa, una vez abierta la fase de liquidación del concurso, no puede embargar bienes o derechos de la deudora concursada incluidos en la masa activa. Debe entenderse que los embargos quedan sin efecto y si la TGSS ha cobrado algo con la realización, debe retornarlo a la masa, sin perjuicio de exigir después de la administración concursal, el pago de sus créditos contra la masa.

Reglas especiales de liquidación (art. 415 TRLC)

El juez, previa audiencia o informe del administrador concursal, podrá establecer las reglas especiales de liquidación que considere oportunas, así como, modificar las que hubiera establecido.

2.7.4. Fase de calificación del concurso

Finalmente, en la misma resolución que apruebe el convenio o el plan de liquidación o se ordene la liquidación de la masa activa, el juez determinará la formación de la sección sexta. Se inicia así la fase de calificación.

En esta fase, se determinan las causas que han llevado al concursado a su situación de insolvencia, con el fin de detectar las posibles conductas negligentes por parte del deudor que han llevado a agravar dicho estado.

El juez del concurso, tras la revisión del informe de la AC y el dictamen del Ministerio Fiscal dictará sentencia en la que califique el concurso como fortuito o como culpable. Procederá la declaración de culpabilidad cuando el concursado haya participado en la generación de su insolvencia o en la agravación de la misma, concurriendo dolo o culpa grave por su parte. La calificación del concurso como culpable puede llevar aparejada la imposición de inhabilitaciones y otro tipo de sanciones para el deudor. Las circunstancias descritas en el art. 443 TRLC implican, en todo caso, la calificación como culpable del concurso.

El concurso se presume culpable, salvo prueba en contrario, cuando el deudor o, en su caso, sus representantes legales, administradores o liquidadores hubieran incumplido alguno de los requerimientos del art. 444 TRLC.

Sentencia núm. 36/2023, de 31 de octubre, del Juzgado de lo Mercantil núm. 2 de Mérida: declaración del concurso como culpable por conducta antijurídica del administrador de la sociedad.

«La conducta llevada a cabo por el administrador único de la sociedad filial, concertando con la entidad matriz, diversas operaciones de préstamo que en menos de dos meses alcanzaron la cifra de 358.400 euros no puede dejar de calificarse como una actuación gravemente culposa que agravó el estado de insolvencia de la sociedad filial. Y ello es así porque el contexto económico-financiero en el que llevaron a cabo estos préstamos evidencian que la filial no solo carecía de la solvencia económica necesaria para ello, sino que, además, ya se hallaba en situación de insolvencia motivada por el previo endeudamiento, principalmente, con entidades bancarias. La salida de fondos para, presumiblemente, asistir financieramente a la entidad matriz ha supuesto que la concursada no ha podido disponer de esos recursos para atender deudas que ya estaban vendidas por impagadas (…)».

Sentencia de la Sala de lo Civil núm. 55/2022, de 31 de enero, Audiencia Provincial de Tarragona: se declara el concurso como culpable, entre otros motivos, por impago de indemnizaciones a las personas trabajadoras.

«Salvo prueba en contrario, se presumirá que el deudor ha conocido que se encuentra en estado de insolvencia cuando hubiera acaecido alguno de los hechos que pueden servir de fundamento a una solicitud de cualquier otro legitimado, que son los hechos previstos en el artículo 2.4 TRLC».

STS núm. 583/2017, de 27 de octubre: calificación del concurso.

La jurisprudencia del TS afirma de forma reiterada que el retraso en la solicitud de la declaración del concurso por parte del deudor integra un indicio fáctico relevante para la consideración del concurso como culpable, especialmente cuando va unido a un incremento de la insolvencia concursal.

En caso de que el convenio sea incumplido, se califica como culpable en los siguientes supuestos (art. 445 bis TRLC):

- Si durante el periodo de cumplimiento del convenio hubieran salido fraudulentamente del patrimonio del deudor bienes o derechos.
- Si el deudor hubiera realizado cualquier acto jurídico dirigido a simular una situación patrimonial ficticia.

Además, el incumplimiento del convenio se presume culpable, salvo prueba en contrario, cuando el deudor o, en su caso, sus representantes legales, administradores o liquidadores (art. 445 bis TRLC):

- No hubiera reclamado el cumplimiento de las obligaciones exigibles.
- Hubiera incumplido el deber de solicitar la liquidación de la masa activa.
- No hubiera formulado en tiempo y forma las cuentas anuales en alguno de los 3 últimos ejercicios anteriores a aquel en que hubiera incumplido el convenio; no hubiera sometido esas cuentas a auditoría, debiendo hacerlo, o, una vez aprobadas, no las hubiera depositado en el Registro Mercantil o en el registro correspondiente.

2.8. El concurso sin masa

Se considera que existe concurso sin masa cuando concurran los supuestos siguientes por este orden (arts. 37 bis a 37 quinquies TRLC):

REQUISITOS PARA EL CONCURSO SIN MASA	
	• El concursado carezca de bienes y derechos que sean legalmente embargables. • El coste de realización de los bienes y derechos del concursado fuera manifiestamente desproporcionado respecto al previsible valor venal. • Los bienes y derechos del concursado libres de cargas fueran de valor inferior al previsible coste del procedimiento. • Los gravámenes y las cargas existentes sobre los bienes y derechos del concursado lo sean por importe superior al valor de mercado de esos bienes y derechos.

Gráfico núm. 15. Fuente: elaboración propia.

En el caso de concurso sin masa, el juez realiza un llamamiento a los acreedores para que puedan solicitar el nombramiento de un administrador concursal que emita informe sobre la calificación del concurso.

Esquema del concurso sin masa:

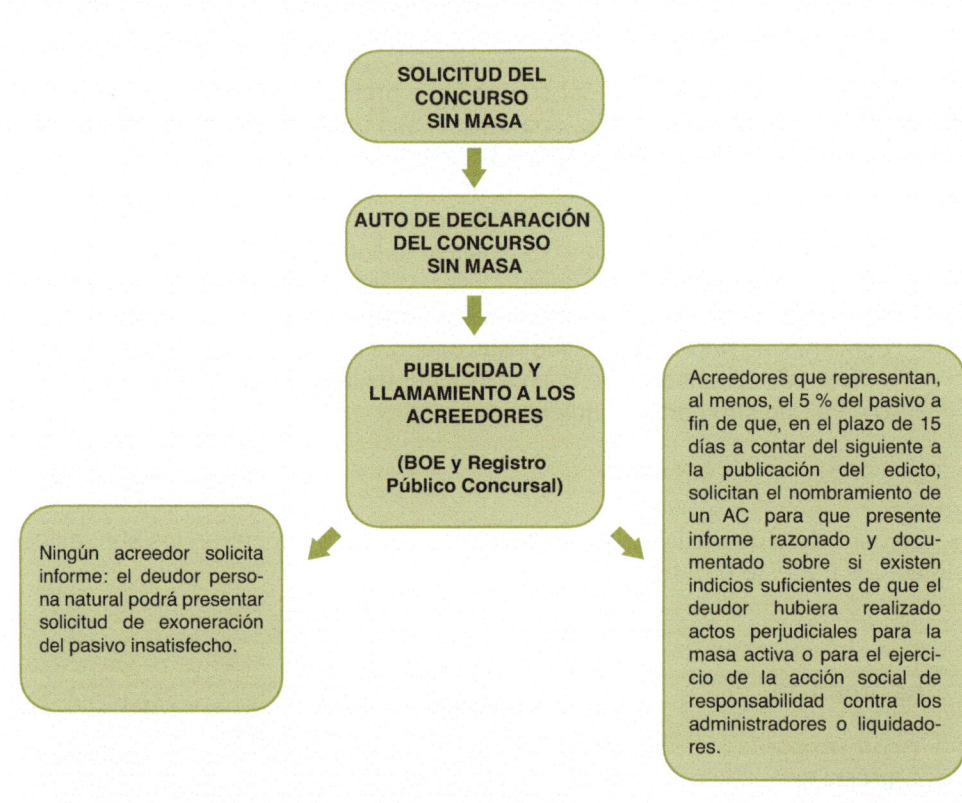

Gráfico núm. 16. Fuente: elaboración propia.

2.9. El pre pack concursal

Estamos ante una herramienta regulada en el art. 224 bis TRLC que otorga la posibilidad al acreedor o terceros de hacer una propuesta escrita vinculante para la adquisición de una o varias unidades productivas.

En caso de probabilidad de insolvencia, de insolvencia inminente o de insolvencia actual, el deudor, sea persona natural o jurídica, cualquiera que sea la actividad a la que se dedique, podrá **solicitar el nombramiento de un experto** que recabe ofertas de terceros para la adquisición, con pago al contado, de una o de varias unidades productivas de que sea titular el solicitante, aunque hubieran cesado en la actividad (art. 224 ter TRLC).

El nombramiento del experto puede recaer en persona natural o jurídica que reúna las condiciones para ser nombrado experto en reestructuraciones o administrador concursal. El juez establecerá la duración del encargo y fijará su retribución atendiendo el valor de la unidad o unidades productivas (art. 224 quater TRLC).

El nombramiento del experto no exime al deudor del deber de solicitar la declaración de concurso dentro de los 2 meses siguientes a la fecha en que hubiera conocido o debido conocer el estado de insolvencia actual (art. 224 quinquies TRLC).

2.10. Conclusión y reapertura del concurso

La **conclusión del concurso** con el archivo de las actuaciones procederá en los casos tasados en el art. 465 TRLC.

La **reapertura del concurso** será declarada por el mismo juzgado que hubiera conocido del procedimiento y se tramitará en los mismos autos.

- La reapertura del concurso del **deudor persona jurídica** por liquidación o por insuficiencia de la masa activa solo podrá tener lugar cuando, después de la conclusión, aparezcan nuevos bienes, en el año siguiente a la fecha de la conclusión del concurso.

- La reapertura del concurso del **deudor persona natural** solo podrá tener lugar dentro de los 5 años siguientes a la conclusión por liquidación o insuficiencia de la masa activa. Además, si se declara el concurso después de los 5 años siguientes a la finalización de otro por liquidación o insuficiencia de la masa activa, será considerado como nuevo.

3. PROCEDIMIENTO ESPECIAL PARA MICROEMPRESAS

3. PROCEDIMIENTO ESPECIAL PARA MICROEMPRESAS

3.1. Definición y regulación general

Las microempresas constituyen en torno al 94 %[12] del tejido empresarial español, tal y como indica el preámbulo de la Ley 16/2022, de 5 de septiembre. Sin embargo, los instrumentos legales vigentes hasta la fecha no habían conseguido atender sus necesidades en los supuestos de insolvencia, por lo que se hacía imprescindible contar con un procedimiento ágil y eficaz que realmente diera respuesta a las situaciones de crisis financiera.

El procedimiento especial para microempresas (PEM) se encuentra regulado en el Libro tercero, dividido en tres Títulos, arts. 685 a 720 TRLC.

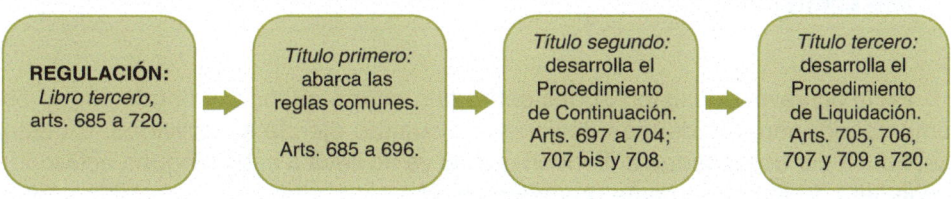

Gráfico núm. 17. Fuente: elaboración propia.

Los arts. 685 y 686 TRLC introducen los presupuestos objetivos que, según la norma, definen a la microempresa.

---

[12] Preámbulo Ley 16/2022, de 5 de septiembre, de reforma del texto refundido de la Ley Concursal.

Características generales acceso PEM:

Deudores que sean personas naturales o jurídicas que lleven a cabo una actividad empresarial o profesional. Art. 685.1 TRLC

Haber empleado durante el año anterior a la solicitud una media de menos de 10 personas trabajadoras.

Tener un volumen de negocio anual inferior a 700.000 € o un pasivo inferior a 350.000 € según las últimas cuentas cerradas en el ejercicio anterior a la presentación de la solicitud.

Gráfico núm. 18. Fuente: elaboración propia.

Es importante tener en cuenta que la deuda no puede provenir del consumo o gastos personales. El 14 de septiembre de 2023, el Juzgado de lo Mercantil núm. 17 de Madrid, dictó auto concluyendo que, identificarse como autónomo o microempresario no es condición suficiente para acceder a este procedimiento[13].

El **origen de la deuda** debe ser, en su mayoría, el **resultado de la actividad económica.**

En la actualidad, existen dudas sobre qué ocurre cuando el deudor ya no es empresario, pero las deudas devienen de cuando ejercía su actividad. En este sentido, algunos juzgados entienden que, si ya no lleva a cabo ninguna actividad, no le será de aplicación este procedimiento[14].

---

[13] VILLORIA RIVERA, I., ENCISO ALONSO-MUÑUMER, M.: *Memento práctico: Concursal.* Edit.: Francis Lefebvre, 2024, pág. 1063.

[14] Dado que nos encontramos ante un procedimiento con escaso recorrido en el ámbito de las resoluciones judiciales, desde su entrada en vigor han surgido numerosas dudas por lo que algunas instituciones se han visto interpeladas a dar respuesta. Es el caso, por ejemplo, del Consejo General de la Abogacía Española (CGAE) que ha puesto a disposición de las abogadas y abogados una «Demo» para que se familiaricen con el uso de la plataforma electrónica por la que se tramitará el procedimiento. A su vez, ha respondido a varias cuestiones, como por ejemplo si es posible instar este pro-

Acuerdo núm. 2, de 26 de abril 2023, del Tribunal de Instancia Mercantil de Málaga (Juzgados núm. 1, 2 y 3): directrices sobre la interpretación del art. 685.1 TRLC, los deudores que han cesado en su actividad empresarial no pueden instar el PEM.

Dispone que aquellos empresarios, personas físicas o jurídicas, *«que soliciten un procedimiento especial de microempresas, por estar dentro de los umbrales recogidos en la norma, deberán estar desarrollando una actividad empresarial o profesional en el momento de la solicitud".* Por tanto, *"no se admitirán a trámite por el PEM aquellos en los que se haya producido un cese de actividad anterior al momento de la solicitud».*

El art. 686 TRLC establece la situación económica en la que se tiene que encontrar el deudor para iniciar el procedimiento.

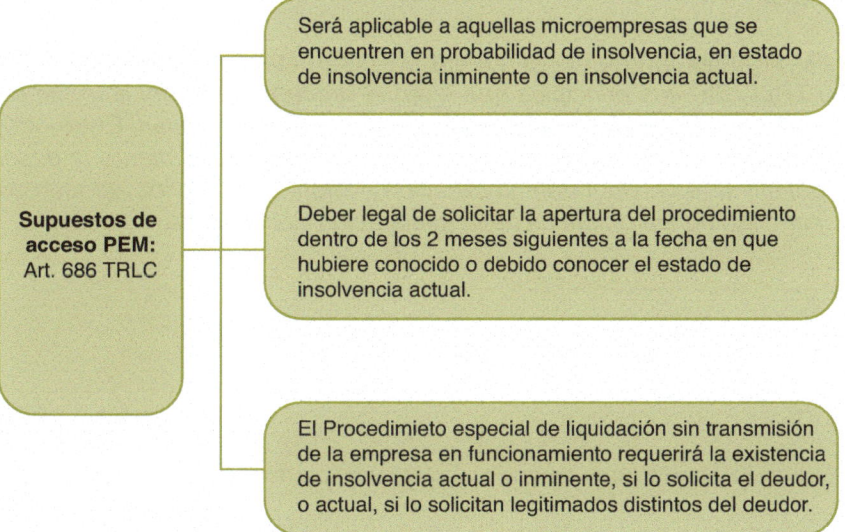

Supuestos de acceso PEM: Art. 686 TRLC

Será aplicable a aquellas microempresas que se encuentren en probabilidad de insolvencia, en estado de insolvencia inminente o en insolvencia actual.

Deber legal de solicitar la apertura del procedimiento dentro de los 2 meses siguientes a la fecha en que hubiere conocido o debido conocer el estado de insolvencia actual.

El Procedimieto especial de liquidación sin transmisión de la empresa en funcionamiento requerirá la existencia de insolvencia actual o inminente, si lo solicita el deudor, o actual, si lo solicitan legitimados distintos del deudor.

Gráfico núm. 19. Fuente: elaboración propia.

cedimiento para el supuesto de que un empresario autónomo no tenga trabajadores/as a su cargo. El criterio que mantiene el CGAE es que sí es posible mientras tenga actividad, en caso contrario se debería tramitar como un concurso sin masa regido por el art. 37 bis TRLC. «Cuestiones planteadas por abogadas y abogados en la sesión de 9 de enero de 2023 acerca del servicio electrónico de microempresas», URL: https://www.icab.es/export/sites/icab/.galleries/documents-contingut-generic/Dudas-Resueltas-Servicio-Electronico-Microempresas-CGAE-2023.pdf

En aquellos aspectos no previstos por el TRLC para el PEM, será de aplicación supletoria la regulación contenida en el Libro primero —sobre el concurso de acreedores— y el Libro segundo —sobre el Derecho preconcursal—, con las adaptaciones que sean necesarias para acomodarse a «los principios» que configuran este procedimiento y a las reglas que lo integran (art. 689 TRLC).

Auto núm. 22/2022, de 11 de julio, Juzgado de lo Mercantil núm. 2 de Santander: no procede en el PEM aplicación supletoria del art. 37 bis TRLC (concurso sin masa).

Se rechazan las dos posibles vías para la aplicación supletoria del art. 37 bis TRLC: *«(i) la aplicación supletoria ex artículo 689 TRLC al libro tercero»* dado que la norma no contempla un PEM sin masa o con insuficiencia de masa y, *«(ii) el incumplimiento de los requisitos del ámbito del procedimiento especial del art. 685 TRLC, que abocaría a la aplicación del libro primero».*

El JM argumenta que no se supera la «confrontación» que exige el art. 689 TRLC de *«los principios que rigen el procedimiento del libro tercero con las finalidades de la regulación del concurso sin masa».* Entre otros motivos porque *«la mayor o menor duración del procedimiento, y desde luego, el interés en la menor implicación e información de los acreedores, no han sido nunca objetivos de la declaración del concurso sin masa».*

3.2. Apertura del procedimiento

La tramitación del PEM podrá realizarse a través de dos modalidades: del procedimiento de continuación o del procedimiento de liquidación con o sin transmisión de la empresa.

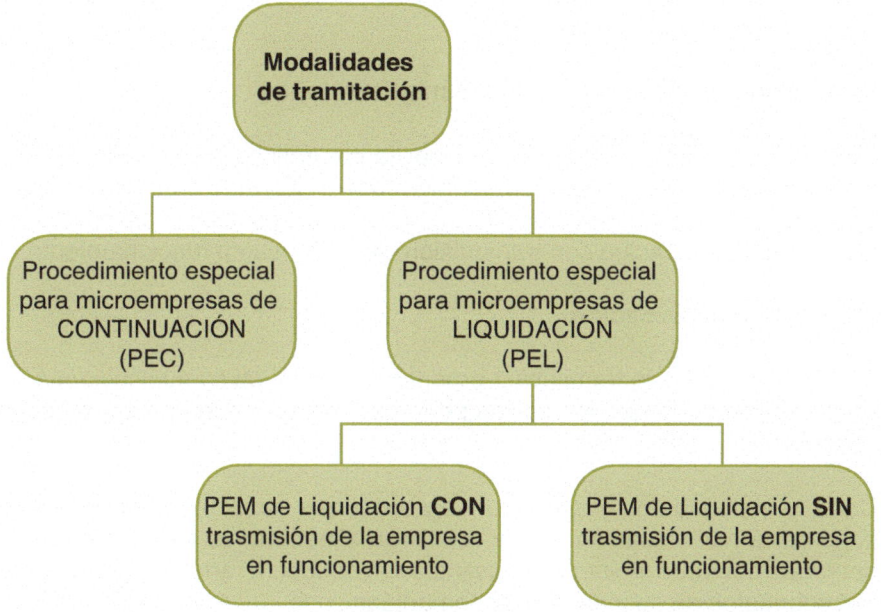

Gráfico núm. 20. Fuente: elaboración propia.

El deudor podrá elegir cómo tramitar el procedimiento, no obstante, si al menos el 85 % de los créditos correspondiesen a acreedores públicos sólo podrá tramitarse a través del PEL. Las comparecencias, declaraciones, vistas y, en general, todos los actos procesales del procedimiento especial se realizarán de forma telemática. La plataforma destinada para ello es el **Servicio Electrónico para Microempresas**[15].

_____

[15] URL: https://www.administraciondejusticia.gob.es/-/servicio-electronico-de-microempresas

El **PEM** será declarado como **culpable** siempre que el deudor hubiera cometido **inexactitud grave** en cualquiera de los formularios normalizados remitidos o en los documentos acompañados a los mismos presentados durante la tramitación del procedimiento especial, o hubiera acompañado o presentado documentos falsos (art. 688 TRLC).

3.2.1. Negociaciones y apertura

Comunicación de apertura de las negociaciones

Cualquier microempresa podrá realizar la comunicación de apertura de las negociaciones con los acreedores, dirigiéndose al juzgado competente para la declaración del concurso (art. 690 TRLC). El objetivo es acordar un plan de continuación o una liquidación con transmisión de empresa en funcionamiento.

Forma de comunicación

El TRLC simplifica la tramitación procesal y facilita las comunicaciones entre el deudor, los acreedores, los socios personalmente responsables y el juzgado competente.

Durante el periodo de negociaciones y hasta que transcurran 3 meses desde la fecha de la comunicación, no se admitirán a trámite las solicitudes de PEM presentadas por otros legitimados distintos del deudor. El art. 690 TRLC contempla los supuestos de suspensión de comunicaciones.

Solicitud de apertura

A) Solicitud por parte del deudor (art. 691 TRLC):

El deudor deberá comparecer asistido por abogado y podrá solicitar la apertura del procedimiento especial mediante la presentación del formulario normalizado que se presentará y tramitará, a través de la sede judicial electrónica o, en las notarías u oficinas del Registro Mercantil o cámaras de comercio que hayan asumido tales funciones.

Auto de 11 de julio de 2023, del Juzgado de lo Mercantil núm. 2 de Santander: inadmisión de la solicitud de concurso de acreedores por incumplimiento de requisitos.

«... Dado que la apertura del procedimiento especial requiere la presentación de una solicitud que reúna los requisitos del art. 691 TRLC, en particular, que se cumplimente previamente el formulario normalizado previsto en el art. 691.2 TRLC, la deficiencia apreciada no es susceptible de subsanación.
En consecuencia, la solicitud de concurso voluntario debe ser objeto de inadmisión (art. 11 TRLC), lo que no obsta, en atención a la causa de la misma, a que el deudor proceda a solicitar la apertura del procedimiento especial de microempresas de conformidad con lo dispuesto en el art. 691 TRLC».

En aquellos casos en los que el deudor no disponga de los medios tecnológicos necesarios para acceder a la sede judicial electrónica, las notarías, las oficinas del Registro Mercantil o las cámaras de comercio que hayan asumido tal función podrán prestar el servicio que resulte necesario, el cual tendrá carácter gratuito.

El **formulario normalizado** deberá estar íntegramente cumplimentado con los siguientes datos (art. 691.3 TRLC):

FORMULARIO solicitud DEUDOR	1.º Identificación del deudor incluida la localización de su domicilio, de su centro principal de intereses y de cualquier otro establecimiento.
	2.º Breve memoria explicativa que justifique la solicitud, que incluya una descripción de la situación económica, de la situación de las personas trabajadoras, y una descripción de las causas y del alcance de las dificultades financieras, incluyendo el tipo de insolvencia en que el deudor alega encontrarse.
	3.º Si el deudor fuera persona casada, indicará en la memoria la identidad del cónyuge, con expresión del régimen económico del matrimonio.
	4º Elección del procedimiento de continuación o del procedimiento de liquidación, y, en este último supuesto, si se prevé la transmisión de la empresa en funcionamiento.
	5.º Elección de alguno de los módulos regulados en el Capítulo IV del Título II (medidas que pueden solicitarse en el procedimiento de continuación) o en el Capítulo II del Título III de este Libro tercero (medidas que pueden solicitarse en el procedimiento de liquidación).
	6.º El activo, con valoración de cada partida, y el pasivo, con identificación individualizada de cada acreedor, de la cuantía de cada crédito, de su naturaleza concursal y de si está o no vencido, incluyéndose de manera separada los créditos litigiosos.
	7.º Enumeración y detalles de los contratos pendientes de ejecución.
	8.º Enumeración de posibles contingencias susceptibles de afectar al valor de la empresa.
	9.º Si el deudor fuera empleador, el número de trabajadores/as con expresión del centro de trabajo al que estuvieran afectados, y la identidad de los integrantes del órgano de representación de los mismos si los hubiera, con expresión de la dirección electrónica de cada uno de ellos.

Gráfico núm. 21. Fuente: elaboración propia.

B) Solicitud por parte de las personas trabajadoras u otros acreedores legitimados (art. 691 ter TRLC):

El art. 691 ter TRLC dispone que tanto los acreedores como los socios personalmente responsables de las deudas del propio deudor que se encuentre en estado de insolvencia actual, podrán solicitar la apertura del procedimiento especial mediante la presentación del formulario normalizado y deberán entregar por medios electrónicos los documentos justificativos de su petición.

El formulario deberá incluir, en todo caso, la siguiente información:

FORMULARIO solicitud ACREEDORES o SOCIOS

1.º Identificación completa del solicitante y del deudor cuyo procedimiento especial se solicita, debiendo incluirse preceptivamente una dirección de correo electrónico a efectos de la práctica de comunicaciones durante la tramitación del procedimiento.

2.º Breve memoria explicativa que justifique la solicitud, que incluya, en su caso, una descripción del crédito que ostente frente al deudor, y una justificación explicativa de la situación de insolvencia actual con alegación del hecho o hechos externos reveladores, de acuerdo con el Libro primero.

3.º Elección de un procedimiento de continuación o de un procedimiento de liquidación.

4.º Elección de alguno de los módulos regulados en el Capítulo IV del Título II (medidas que pueden solicitarse en el procedimiento de continuación) o en el Capítulo II del Título III de este Libro tercero (medidas que pueden solicitarse en el procedimiento de liquidación).

Gráfico núm. 22. Fuente: elaboración propia.

En este supuesto, como respuesta a la solicitud, el deudor podrá llevar a cabo alguna de las actuaciones previstas en el art. 691 quinquies TRLC.

La apertura del procedimiento especial será publicada en el Registro Público Concursal. En caso de apertura a solicitud de los acreedores, la publicación surtirá los efectos de notificación respecto del deudor y demás acreedores de cuya dirección electrónica no se tenga constancia. También deberá ser inscrita en los registros de personas y bienes.

3.2.2. Elección y conversión del procedimiento especial

Tanto el deudor como los acreedores solicitantes podrán optar entre un **procedimiento especial de liquidación** o uno **de continuación** (art. 693 TRLC).

No obstante, los acreedores cuyos créditos representen más de la mitad del pasivo también podrán, en cualquier momento, solicitar la conversión del PEC en uno de liquidación sin necesidad de justificación adicional, siempre que el deudor se encuentre en insolvencia actual.

Además, aquellos acreedores cuyos créditos representen un 25 % del pasivo podrán solicitar la conversión de un PEC en uno de liquidación cuando, objetivamente, no exista la posibilidad de continuación de la actividad en el corto y medio plazo.

3.2.3. Efectos de la apertura

La apertura del procedimiento especial conlleva una serie de efectos, cuyos aspectos más relevantes son resumidos a continuación:

> 1. Efectos generales de la apertura del procedimiento especial (art. 694 TRLC)

El deudor mantendrá las facultades de administración y disposición sobre su patrimonio con ciertas limitaciones, pudiendo realizar aquellos actos de disposición que tengan por objeto la continuación de la actividad empresarial o profesional.

Además, supondrá la paralización de las ejecuciones judiciales o extrajudiciales sobre los bienes y derechos del deudor, con independencia de si la ejecución se había ya iniciado o no en el momento de la solicitud y de la condición del crédito o del acreedor.

Por otro lado, la suspensión de las ejecuciones no afectará a los créditos con garantía real, con determinadas excepciones establecidas en el Libro tercero.

En el supuesto de los créditos públicos, no se suspenderá la ejecución de los créditos que tengan la calificación de privilegiados de acuerdo con las reglas generales ni, en todo caso, de los porcentajes de las cuotas de la Seguridad Social cuyo abono corresponda a la empresa por contingencias comunes y contingencias profesionales ni a los porcentajes de la cuota de la persona trabajadora que se refieran a contingencias comunes o accidentes de trabajo y enfermedad profesional.

2. Efectos de la apertura del procedimiento de continuación y del procedimiento de liquidación **con transmisión de la empresa en funcionamiento** (art. 694 bis TRLC)

En el procedimiento especial de continuación y en el procedimiento de liquidación con transmisión de la empresa en funcionamiento se aplicarán, con carácter general, las reglas de los efectos sobre los contratos pendientes de ejecución de los arts. 156 a 159 TRLC.

Tampoco se verán afectados los contratos pendientes de ejecución por ambas partes, ni serán válidas las cláusulas que permitan la resolución anticipada en caso de liquidación, en tanto exista la posibilidad de transmisión de la empresa en funcionamiento y no se haya producido un incumplimiento del contrato, posterior o anterior al inicio del PEL.

3. Efectos de la apertura del procedimiento de liquidación **sin transmisión de la empresa en funcionamiento** (art. 694 ter TRLC)

Se entenderá que el procedimiento de liquidación se realiza sin transmisión de la empresa en funcionamiento cuando:

a. Lo determine el deudor en la solicitud de apertura de la liquidación.
b. Se desprenda del contenido del plan de liquidación.
c. Lo determine el juez tras las alegaciones realizadas al plan de liquidación por los acreedores.

Desde el momento de la apertura de la liquidación, se producirá el vencimiento anticipado de los créditos aplazados y la conversión en dinero de aquellos que consistan en otras prestaciones. **La apertura de la liquidación supone la disolución de la sociedad**.

3.2.4. Esquema apertura del PEM

Comunicación de apertura de negociaciones para microempresas (art. 690 TRLC):
- Solicitud por el deudor (arts. 691 y 691 bis TRCL).
- Solicitud por acreedores u otros legitimados (art. 691 ter TRLC).

El formulario de solicitud deberá incluir la elección del procedimiento: PEC o PEL.
- Se tramitará en Sede judicial electrónica o Registro Mercantil.
- Se remitirá al juzgado competente el mismo día o al día siguiente hábil.
- El LAJ examinará el cumplimiento de todos los requisitos (art. 691 quater TRLC).

Solicitud por deudor (arts. 691 y 692 TRLC):
- Si la solicitud es correcta: auto de apertura de procedimiento, notificación a las partes y publicidad registral.
- Si la solicitud es incorrecta y no se subsana en el plazo indicado: auto de inadmisión no recurrible.

Solicitud por acreedores o socios responsables (art. 691 quinquies TRLC):
- El LAJ revisará la solicitud, que en caso necesario podrá ser subsanada, y notificará al deudor.
- Si el deudor acepta o no se manifiesta en los términos previstos se declarará el PEC o PEL.
- Si el deudor rechaza o se opone: deberá hacerlo por formulario normalizado. Se podrá convocar a las partes para una vista por el juez que emitirá resolución al respecto.

AUTO apertura PEM (art. 692 TRLC): transcurridos 2 días hábiles desde la solicitud o tras auto de oposición del deudor.
- Cabe impugnación del deudor o acreedores.
- Si concurren los requisitos se abre el procedimiento y se despliegan los efectos: art. 694 TRLC.

Gráfico núm. 23. Fuente: elaboración propia.

3.3. Procedimiento especial de continuación

Se trata de un procedimiento de tipo abreviado concebido para facilitar que el deudor y sus acreedores puedan alcanzar una solución a la insolvencia, con independencia de la situación patrimonial (Preámbulo, Ley 16/2022, de 5 de septiembre).

> **Presentación y tramitación**
> (arts. 697 a 698 quinquies TRLC)

1. Presentación del plan de continuación

Podrá ser presentado por el deudor o por los acreedores con la solicitud de apertura del procedimiento especial. Con carácter general, la falta de presentación del plan de continuación en el plazo señalado supone la automática conversión del procedimiento en uno de liquidación.

> **Derechos de información y consulta de la RLT.**
>
> En los supuestos en los que el deudor sea empleador, la RLT, cuando así esté previsto por la legislación laboral, tendrá derecho a ser informada y consultada sobre el contenido del plan de continuación con carácter previo a su aprobación u homologación, según corresponda.

CONTENIDO DEL PLAN DE CONTINUACIÓN art. 697 ter TRLC

1.º La relación nominal y cuantía de los créditos afectados por el plan.

2.º Los efectos sobre los créditos, que podrán ser tanto quitas como esperas, su conversión en préstamos participativos o su capitalización; si el plan va a afectar a los derechos de los socios, el valor nominal de sus acciones o participaciones sociales.

3.º La agrupación de cada uno de los créditos en clases, que se conformarán de acuerdo con su valor económico, reflejado por la graduación de los créditos en el concurso de acreedores, según el Libro primero.

4.º Un plan de pagos, que incluya con detalle las cuantías y los plazos durante toda la duración del plan de continuación.

5.º Los efectos sobre los contratos con obligaciones recíprocas pendientes de cumplimiento que, en su caso, vayan a quedar afectados por el plan.

6.º Una descripción justificada de los medios con los que propone cumplir con la propuesta, incluyendo las fuentes de financiación proyectadas.

7.º Las garantías con que cuente la ejecución del plan, cuando resulte aplicable.

8.º Una descripción justificada de las medidas de reestructuración operativa que prevé el plan, la duración, en su caso, de las medidas, y los flujos de caja estimados, que deberá estar relacionada con el plan de pagos.

9.º Una memoria que explique las condiciones necesarias para el éxito del plan de reestructuración y las razones por las que ofrece una perspectiva razonable de garantizar la viabilidad de la empresa en el medio plazo.

10.º Las medidas de información y consulta con las personas trabajadoras que, de conformidad con la ley aplicable, se hayan adoptado o se vayan a adoptar.

2. Aprobación del plan

Una vez que se ha presentado el plan de continuación y se han realizado las comunicaciones a los sujetos legitimados, se abrirá un periodo de **alegaciones** (15 días) para todas las partes (art. 697 quinquies TRLC). Para la aprobación de un plan propuesto por los acreedores, se necesitará el consentimiento del deudor y, en su caso, de los socios de la sociedad deudora que sean legalmente responsables de las deudas sociales.

> **Si no se han alcanzado las mayorías necesarias**, el juez competente dictará mediante **auto la apertura de la liquidación** el mismo día o dentro de los 2 días hábiles siguientes a la finalización del procedimiento (art. 699 bis. 2 TRLC).

Debe tenerse en cuenta que cualquier crédito, incluidos los créditos contingentes y sometidos a condición, puede ser afectado por el plan de continuación.

Excepto: los créditos de alimentos derivados de una relación familiar, de parentesco o de matrimonio, los créditos derivados de daños extracontractuales, **los créditos derivados de relaciones laborales** distintas de las del personal de alta dirección ni en el supuesto de los créditos públicos, la parte que deba calificarse como privilegiada. En ningún caso se verán afectados los porcentajes de las cuotas de la Seguridad Social cuyo abono corresponda a la empresa por contingencias comunes y contingencias profesionales ni los porcentajes de la cuota de la persona trabajadora que se refieran a contingencias comunes o accidentes de trabajo y enfermedad profesional.

3. Homologación del plan: criterios generales

Tras la aprobación del plan por los acreedores, el deudor o los acreedores titulares de créditos afectados podrán solicitar que el juez se pronuncie sobre la homologación de este (art. 698. bis TRLC).

El juez procederá a homologar el plan siempre que se cumplan de forma conjunta los requisitos establecidos en el art. 698 bis TRLC. El auto de homologación del plan de continuación deberá ser publicado «inmediatamente» en el Registro público concursal (art. 698 ter TRLC).

En caso de frustración del plan de continuación, si el deudor es persona física, podrá solicitar la exoneración del pasivo insatisfecho (art. 700 TRLC).

3.4. Procedimiento especial de liquidación

El procedimiento de liquidación, con o sin transmisión de la empresa en funcionamiento, ha sido concebido como instrumento sencillo, rápido y flexible para que las microempresas puedan poner fin a su proyecto empresarial de manera ordenada (Preámbulo, Ley 16/2022, de 5 de septiembre).

> **Apertura y tramitación**
> (arts. 705 a 720 TRLC)

1. Apertura del procedimiento especial de liquidación

Se abrirá en los siguientes supuestos:

- Cuando se haya solicitado por el propio deudor o por un acreedor.
- Siempre que el deudor se encuentre en estado de insolvencia actual y concurra alguna de estas situaciones:

    - No se haya aprobado un plan de continuación.
    - No se haya homologado el plan aprobado.
    - Habiendo sido homologado el plan, haya sido incumplido por el deudor.

- Cuando el deudor no se encuentre al corriente en el cumplimiento de las obligaciones tributarias o frente a la Seguridad Social.

2. Tramitación del plan de liquidación

En la solicitud de apertura del PEL, el deudor deberá señalar su disposición para liquidar el activo o, por el contrario, solicitará el nombramiento de un administrador concursal. Desde ese momento, cualquiera de ellos, podrá **presentar un plan de liquidación por medio de formulario normalizado.**

CONTENIDO DEL PLAN DE LIQUIDACIÓN (art. 707 TRLC)

- Será necesario exponer, motivadamente, los tiempos y la forma previstos para la liquidación del activo, de manera individualizada para cada bien o categoría de bienes genéricos. Siempre que sea posible, deberá preverse la enajenación unitaria del establecimiento o del conjunto de unidades productivas de la masa activa.
- El plan deberá incluir una valoración de la empresa o de las unidades productivas realizada por un administrador concursal o, en caso de que no hubiera sido nombrado, por un experto designado al efecto.
- Su comunicación será por medios electrónicos mediante formulario normalizado por el deudor o por el administrador concursal a los acreedores dentro del mismo día o el primer día hábil siguiente.

Una vez presentado el plan los acreedores podrán formular alegaciones conforme al art. 706 TRLC. En cualquier momento, el deudor o el administrador concursal podrá solicitar al juez la modificación del plan aprobado para acelerar el pago a los acreedores. La solicitud especificará las concretas reglas del plan que deben ser modificadas, así como la justificación de los cambios propuestos.

Dentro de los 10 días hábiles siguientes desde la fecha en que se haya comunicado el plan de liquidación, el deudor, los acreedores concursales y, en su caso, la RLT podrán formular observaciones y propuestas de modificación.

En el caso de que el plan de liquidación contuviera **previsiones sobre la modificación sustancial de las condiciones de trabajo o el despido colectivo de trabajadores/as**, se estará a lo establecido en el Libro primero en materia de contratos de trabajo (art. 707.4 TRLC).

3. Transmisión de empresas

Se llevará a cabo conforme a lo establecido en el Libro primero —concurso de acreedores—, pero con las particularidades previstas en el art. 710 TRLC.

Cuando se reciba más de una oferta cuyos contenidos no garanticen, de forma fehaciente, **la continuidad de la empresa o del establecimiento mercantil, el mantenimiento de los puestos de trabajo** o la satisfacción de los créditos, el deudor o la AC, tras **oír a la RLT**, presentarán un informe al juez, con propuesta de resolución, para que este resuelva de acuerdo con el artículo que regula la regla de la preferencia establecida en el Libro primero.

4. Deudor persona física

El deudor que reúna los requisitos legales establecidos en el Libro primero —concurso de acreedores— podrá solicitar la exoneración del pasivo insatisfecho, una vez finalizada la liquidación y distribuido el remanente (art. 715 TRLC).

5. Informe final

El deudor o la AC comunicará electrónicamente, mediante formulario normalizado, el informe final de liquidación, solicitando la conclusión del procedimiento en los plazos establecidos en el art. 719.1 TRLC.

Tanto el deudor como los acreedores podrán formular **oposición al informe final o a la conclusión del PEL** en el plazo de 10 días hábiles desde la comunicación del informe. Contra la sentencia que resuelve la oposición no cabe recurso (art. 719.4 TRLC).

3.5. Conclusión del procedimiento especial para microempresas

La conclusión del procedimiento especial procederá (art. 720 TRLC):

a. Cuando se considere cumplido el plan de continuación.

b. Una vez liquidados los bienes y derechos de la masa activa, aplicado lo obtenido en la liquidación a la satisfacción de los créditos, y presentado el informe final de liquidación regulado en el art. 719 TRLC, sin que se hubiese formulado oposición dentro de plazo, o, habiéndose formulado, el juez hubiera resuelto desfavorablemente.

c. Cuando se compruebe la insuficiencia de la masa activa para satisfacer créditos contra la masa. Si los bienes de un deudor no se hubieran liquidado íntegramente, se mantendrá en la plataforma, que continuará realizando pagos periódicos a los acreedores a medida que se vayan produciendo las ventas de los activos.

d. Cuando se compruebe el pago o consignación de la totalidad de los créditos reconocidos o la íntegra satisfacción de los acreedores por cualquier otro medio, o el desistimiento o la renuncia de la totalidad de los acreedores.

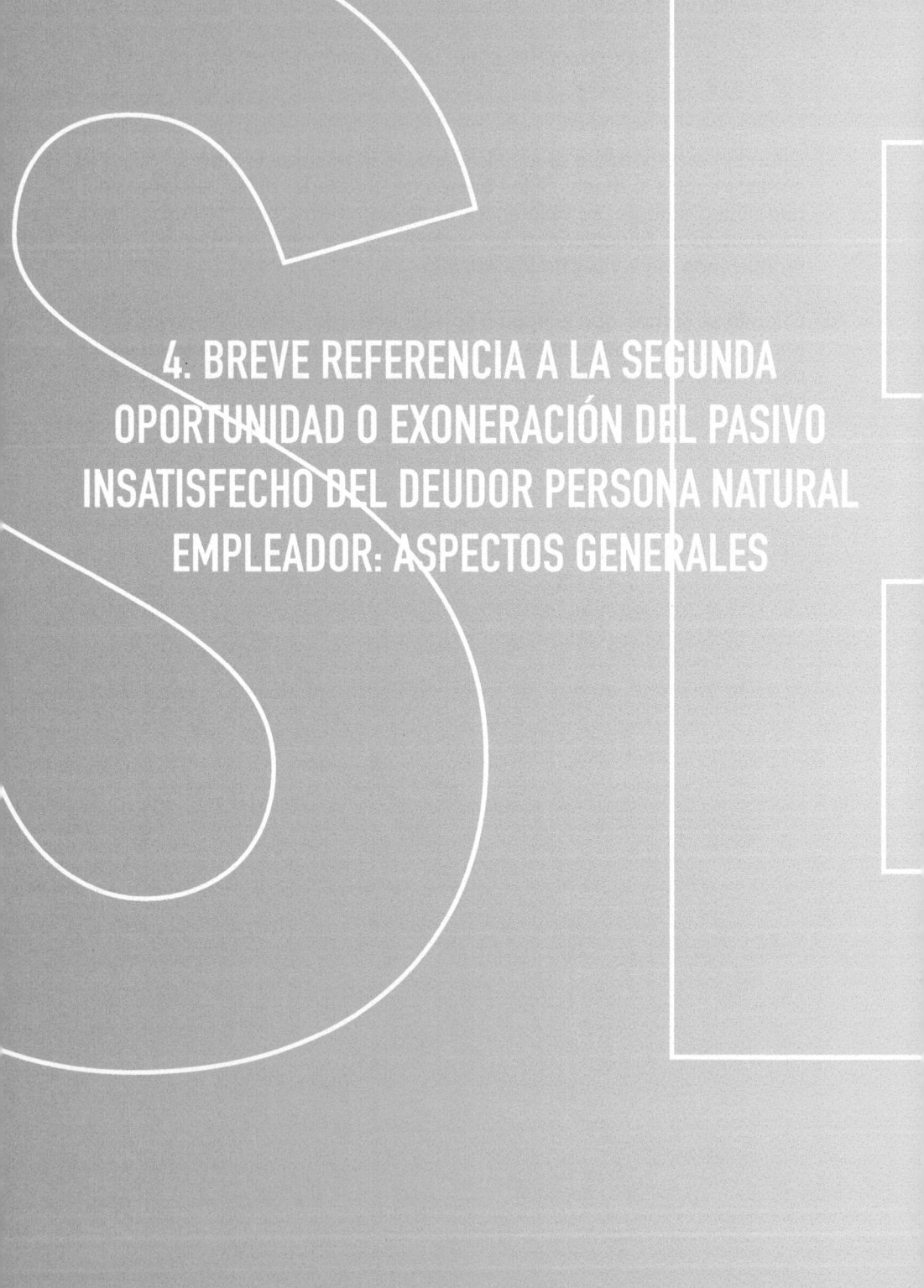

4. BREVE REFERENCIA A LA SEGUNDA OPORTUNIDAD O EXONERACIÓN DEL PASIVO INSATISFECHO DEL DEUDOR PERSONA NATURAL EMPLEADOR: ASPECTOS GENERALES

4. BREVE REFERENCIA A LA SEGUNDA OPORTUNIDAD O EXONERACIÓN DEL PASIVO INSATISFECHO DEL DEUDOR PERSONA NATURAL EMPLEADOR: ASPECTOS GENERALES

4.1. Requisitos generales

El TRLC regula en el Capítulo II del Título XI del Libro primero el mecanismo de segunda oportunidad, conforme al cual se amplía la relación de deudas exonerables (exoneración del pasivo insatisfecho), a través de la posibilidad de que se realice con sujeción a un plan de pagos y sin liquidación previa del patrimonio del deudor. El objetivo principal es *«poder permitir que el deudor vuelva a emprender, reincorporándose con éxito a la actividad productiva»*[16].

> **SAP de Zaragoza núm. 1860/2023, de 6 de noviembre: sobre el concepto de exoneración de deudas.**
>
> *«El TRLC, en lugar de condicionar la obtención de la exoneración a la satisfacción de un determinado tipo de deudas (como ha venido a recoger el artículo 487.2 del texto refundido de la Ley Concursal), se acoge un sistema de exoneración por mérito en el que cualquier deudor, sea o no empresario, siempre que satisfaga el estándar de buena fe en que se asienta este instituto, puede exonerar todas sus deudas, salvo aquellas que, de forma excepcional y por su especial naturaleza, se consideran legalmente no exonerables».*

---

[16] TÁLENS VISCONTI, E.: «Aspectos laborales de la Ley 16/2022, de 5 de septiembre, de Reforma del Texto Refundido de la Ley Concursal». *Revista del Derecho del Trabajo* Núm. 1, Vol.2., 2023, pág. 61.

Existen **dos modalidades de exoneración**, que no son excluyentes, es decir, el deudor puede optar por una y con posterioridad dejarla sin efecto y solicitar la otra. Por tanto, el deudor que hubiera solicitado y obtenido la exoneración provisional mediante un plan de pagos podrá dejarla sin efecto, solicitando la exoneración con liquidación de la masa activa. Estas modalidades son:

1. Exoneración con sujeción a un plan de pagos sin previa liquidación de la masa activa.

2. Exoneración tras la liquidación de la masa activa.

No obstante, para que el empresario deudor pueda instar el mecanismo de la segunda oportunidad, tiene que cumplir con ciertos estándares relacionados con **el principio de buena fe profesional. Así, no podrá obtener la exoneración del pasivo insatisfecho** el deudor que se encuentre en alguna de las siguientes circunstancias (art. 487 TRLC):

➢ Cuando, en los 10 años anteriores a la solicitud de la exoneración, hubiera sido condenado en sentencia firme a penas privativas de libertad, por delitos contra el patrimonio y contra el orden socioeconómico, de falsedad documental, contra la Hacienda Pública y la Seguridad Social o contra los derechos de los trabajadores/as, todos ellos siempre que la pena máxima señalada al delito sea igual o superior a 3 años, salvo que en la fecha de presentación de la solicitud de exoneración se hubiera extinguido la responsabilidad criminal y se hubiesen satisfecho las responsabilidades pecuniarias derivadas del delito.

➢ Cuando, en los 10 años anteriores a la solicitud de la exoneración, hubiera sido sancionado por resolución administrativa firme por infracciones tributarias muy graves, de Seguridad Social o del orden social.

➢ Cuando el concurso haya sido declarado culpable.

➢ Cuando, en los 10 años anteriores a la solicitud de la exoneración, haya sido declarado persona afectada en la sentencia de calificación del concurso de un tercero calificado como culpable, salvo que en la fecha de presentación de la solicitud de exoneración hubiera satisfecho íntegramente su responsabilidad.

➤ Cuando haya incumplido los deberes de colaboración y de información respecto del juez del concurso y de la administración concursal.

➤ Cuando haya proporcionado información falsa o engañosa o se haya comportado de forma temeraria o negligente al tiempo de contraer endeudamiento o de evacuar sus obligaciones, incluso sin que ello haya merecido sentencia de calificación del concurso como culpable.

> Si existen sanciones o condenas por sentencia firme relacionadas con el Derecho del Trabajo, estas pueden hacer fracasar el mecanismo de la segunda oportunidad.

> **SAP de Zaragoza núm. 1860/2023, de 6 de noviembre: determinación del concepto de buena fe.**
>
> *«En esta causa, el endeudamiento temerario o negligente, no se limita el juez a valorar la concurrencia de un hecho, condena penal, sentencia firme de calificación, existencia de previas sanciones administrativas... sino que se le impone al juez del concurso la decisión sobre conceptos con una fuerte carga valorativa, sobreendeudamiento de forma temeraria o negligente, sobre la base de unas genéricas directrices generales.*
>
> *Lo mismo sucede con la causa del párrafo 5.º del art 487 TRLC, el cumplimiento de la obligación de colaboración o información (...)».*

4.2. Procedimiento de exoneración mediante plan de pagos

El deudor podrá solicitar la exoneración del pasivo con sujeción a un plan de pagos y sin liquidación de la masa activa, en cualquier momento antes de que el juez acuerde la liquidación.

Solicitud

- El deudor deberá aceptar que la concesión de la exoneración se haga constar en el Registro Público Concursal durante el plazo de 5 años o el plazo inferior que se establezca en el plan de pagos. Deberá acompañar a la solicitud las declaraciones presentadas o que debieran presentarse del impuesto sobre la renta de las personas físicas correspondientes a los 3 últimos ejercicios finalizados a la fecha de la solicitud, y las de las restantes personas de su unidad familiar.

Propuesta del plan de pagos

- El deudor debe incluir expresamente el calendario de pagos de los créditos exonerables que, según esa propuesta, vayan a ser satisfechos dentro del plazo que haya establecido el plan. También debe contener los recursos previstos para su cumplimiento, así como para la satisfacción de las deudas no exonerables y de las nuevas obligaciones por alimentos, las derivadas de su subsistencia o las que genere su actividad, con especial atención a la renta y recursos disponibles futuros del deudor y su previsible variación durante el plazo del plan y, en su caso, el plan de continuidad de actividad empresarial o profesional del deudor o de la nueva que pretenda emprender y los bienes y derechos de su patrimonio que considere necesarios para una u otra.

Duración del plan de pagos

- Con carácter general la duración será de 3 años.
- La duración será de 5 años cuando: no se realice la vivienda habitual del deudor y, cuando corresponda, de su familia; o el importe de los pagos dependa exclusiva o fundamentalmente de la evolución de la renta y recursos disponibles del deudor.
- El plazo del plan de pagos comenzará a correr desde la fecha de la aprobación judicial.

Aprobación del plan de pagos

- Los acreedores tienen un plazo de 10 días para alegar lo que estimen oportuno.
- Presentadas las alegaciones, o transcurrido el plazo sin que se hayan hecho, el juez denegará o concederá provisionalmente la exoneración del pasivo insatisfecho, con aprobación del plan de pagos en los términos de la propuesta o con las modificaciones que estime oportunas, consten o no en las alegaciones de los acreedores.
- Los acreedores también pueden impugnar la exoneración.

Revocación del plan

- Cualquier acreedor afectado por la exoneración está legitimado para solicitar del juez del concurso la revocación de la concesión provisional de la exoneración del pasivo insatisfecho si el deudor incumple el plan de pagos. La revocación de la exoneración provisional supondrá la resolución del plan de pagos y de sus efectos sobre los créditos, y la apertura de la liquidación de la masa activa.

Exoneración definitiva

- Transcurrido el plazo fijado para el cumplimiento del plan de pagos sin que se haya revocado la exoneración, el juez del concurso dictará auto concediendo la exoneración definitiva del pasivo insatisfecho, que se publicará en el Registro Público Concursal.

Gráfico núm. 24. Fuente: elaboración propia.

4.3. Procedimiento de exoneración tras la liquidación de la masa activa

En los casos de concurso sin masa en los que no se hubiera acordado la liquidación de la masa activa el concursado podrá presentar ante el juez del concurso solicitud de exoneración del pasivo insatisfecho dentro de los 10 días siguientes a contar, bien desde el vencimiento del plazo para que los acreedores legitimados puedan solicitar el nombramiento de administrador concursal sin que lo hubieran hecho, bien desde la emisión del informe por el administrador concursal nombrado si no apreciare indicios suficientes para la continuación del procedimiento.

Las mismas reglas se aplicarán en los casos de insuficiencia sobrevenida de la masa activa para satisfacer todos los créditos contra la masa y en los que, liquidada la masa activa, el líquido obtenido fuera insuficiente para el pago de la totalidad de los créditos concursales reconocidos. El concursado podrá presentar ante el juez del concurso solicitud de exoneración del pasivo insatisfecho dentro del plazo de audiencia concedido a las partes para formular oposición a la solicitud de conclusión del concurso.

Solicitud
- El concursado deberá manifestar que no está incurso en ninguna de las causas establecidas en la ley que impiden obtener la exoneración, y acompañar las declaraciones del impuesto sobre la renta de las personas físicas correspondientes a los 3 últimos años anteriores a la fecha de la solicitud que se hubieran presentado o debido presentarse.

Traslado de la solicitud
- El LAJ dará traslado de la solicitud del deudor a la AC y a los acreedores personados para que, dentro del plazo de 10 días, aleguen cuanto estimen oportuno en relación con la concesión de la exoneración.

Resolución
- Si la administración concursal y los acreedores personados mostraran conformidad a la solicitud del deudor o no se opusieran a ella dentro del plazo legal, el juez del concurso, previa verificación de la concurrencia de los presupuestos y requisitos establecidos en el TRLC, concederá la exoneración del pasivo insatisfecho en la resolución en la que declare la conclusión del concurso.

Gráfico núm. 25. Fuente: elaboración propia.

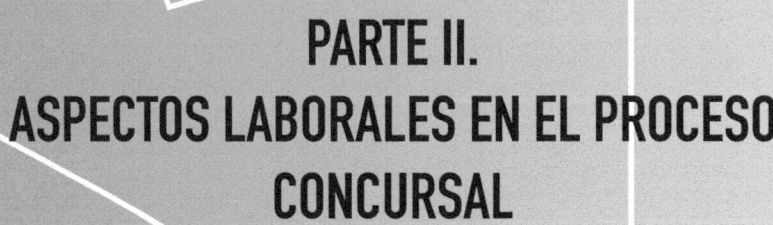

PARTE II.
ASPECTOS LABORALES EN EL PROCESO CONCURSAL

1. PLANES DE REESTRUCTURACIÓN Y ASPECTOS LABORALES EN EL PRECONCURSO

1. PLANES DE REESTRUCTURACIÓN Y ASPECTOS LABORALES EN EL PRECONCURSO

Como ya hemos analizado en la Parte I de esta Guía, cualquier persona natural o jurídica que lleve a cabo una actividad empresarial o profesional, en situación de insolvencia inminente o probable[1], podrá efectuar la comunicación de apertura de negociaciones con los acreedores o solicitar directamente la homologación de un plan de reestructuración de conformidad con lo previsto en el Libro segundo TRLC, a excepción de los deudores contemplados en el art. 583 TRLC. Si el deudor se halla en situación de insolvencia actual, podrá efectuar la comunicación de apertura de negociaciones, siempre y cuando no haya sido admitida a trámite una solicitud de concurso necesario.

Los créditos laborales gozan, como es tradición en la legislación española, de una singularidad ante las situaciones de insolvencia empresarial. Y es que frente a la regla general: cualquier crédito, incluidos los contingentes y sometidos a condición, puede ser afectado por el plan de reestructuración, salvo una serie de créditos privilegiados, entre ellos los créditos laborales tanto en la situación de concurso como en la de preconcurso y los planes de restructuración.

El objetivo de este apartado es exponer los principales aspectos relacionados con el régimen jurídico de los contratos de trabajo dentro de este procedimiento preconcursal[2].

---

[1] Situaciones descritas en el punto 0 de esta Guía.
[2] Teniendo en cuenta las diferentes perspectivas con las que el Derecho del trabajo y el Derecho Concursal abordan esta materia. PÉREZ CAPITÁN, L.: *El despido colectivo y las medidas de suspensión y reducción temporal de jornada,* Aranzadi Thomson Reuters, Segunda edición, 2020, págs. 317 y 318.

1.1. Reglas generales: principio de vigencia de los contratos

La homologación de un plan de reestructuración, por sí sola, no afectará a los contratos con obligaciones recíprocas (incluidos los contratos de trabajo) pendientes de cumplimiento. En particular, se tendrán por no puestas las cláusulas contractuales que establezcan la facultad de la otra parte de suspender o de modificar las obligaciones o los efectos del contrato, así como la facultad de resolución o la de extinción del contrato por el mero motivo de la presentación de la solicitud de homologación o su admisión a trámite, la homologación judicial del plan o cualquier otra circunstancia análoga o directamente relacionada con las anteriores, a excepción de los contratos de alta dirección (arts. 597 y 618 TRLC).

Si se tratase de contratos necesarios para la continuidad de la actividad empresarial o profesional del deudor, las facultades de suspender el cumplimiento de las obligaciones de la contraparte o de modificar, resolver o terminar anticipadamente el contrato por incumplimientos anteriores a la comunicación, no podrán ejercitarse mientras se mantengan los efectos de la comunicación sobre las acciones y los procedimientos ejecutivos (art. 598 TRLC).

- El principio de vigencia de los contratos se extiende a la resolución o vencimiento anticipado, a la suspensión y a la modificación de los contratos.
- El principio general de vigencia se activa con la mera presentación de la apertura de negociaciones o de la solicitud de homologación.

1.2. La regulación propia: afectación de los créditos laborales por los planes de reestructuración de la deuda

El art. 616 TRLC considera créditos afectados a aquellos que en virtud del plan de reestructuración sufran una modificación de sus términos o condiciones. En particular, la modificación de la fecha de vencimiento, la modificación del principal o los intereses, la conversión en crédito participativo o subordinado, acciones o participaciones sociales, o en cualquier otro instrumento de características o rango distintos de aquellos que tuviese el crédito originario, la modificación o extinción de las garantías, personales o reales, que garanticen el crédito, el cambio en la persona del deudor o la modificación de la ley aplicable al crédito.

1.2.1. Los créditos laborales

No pueden verse afectados por el plan de reestructuración los créditos derivados de **relaciones laborales distintas de las del personal de alta dirección**, cuya relación queda sujeta a lo dispuesto por el Estatuto de los Trabajadores (art. 616.2 TRLC). **En suma, los créditos laborales en una relación laboral ordinaria o especial no de alta dirección no quedan afectados por el plan de reestructuración**.

- Por crédito derivado de la relación laboral debemos entender cualquier tipo, **ya sea salarial o extrasalarial**, que proceda de un contrato de trabajo.

- Los créditos laborales de las personas trabajadoras que no sean personal de alta dirección están sujetos a lo dispuesto en el ET. Por tanto, las deudas laborales no están sometidas a la regulación que la norma concursal prevé para el tratamiento de créditos en el preconcurso.

- Las decisiones empresariales sobre los créditos derivados de la relación laboral que se adopten en el contexto de la reestructuración (como por ejemplo una modificación de salarios), deberán realizarse conforme a la legislación laboral con las peculiaridades derivadas de la aplicación de la regulación específica de situación de insolvencia.

La prohibición del inicio de ejecuciones o la suspensión de las ya iniciadas, en ningún caso, se aplicarán a las reclamaciones de créditos que legalmente no puedan quedar afectados por el plan de reestructuración (art. 606 TRLC).

- Por tanto, se pueden mantener las ejecuciones de los créditos laborales que se están tramitando en la jurisdicción social.

- Una vez iniciado el proceso preconcursal, se pueden instar procesos de ejecución de créditos laborales ante la jurisdicción social.

El FOGASA abonará a las personas trabajadoras el importe de los salarios pendientes de pago a causa de insolvencia o concurso de la empresa (art. 33 ET).

1.2.2. Créditos laborales del personal de alta dirección

1.2.2. a) Los créditos de la relación laboral de alta dirección

Los créditos laborales del personal de alta de dirección no gozan de los privilegios del crédito laboral ordinario. Según el artículo 1.2 del Real Decreto 1382/1985, de 1 de agosto, por el que se regula la relación laboral de carácter especial del personal de alta dirección, se considera personal de alta dirección a aquellas personas trabajadoras que ejercitan poderes inherentes a la titularidad jurídica de la empresa, y relativos a los objetivos generales de la misma, con autonomía y plena responsabilidad sólo limitadas por los criterios e instrucciones directas emanadas de la persona o de los órganos superiores de gobierno y administración de la entidad que respectivamente ocupe aquella titularidad.

STS de 16 de marzo de 2015, rec. 819/2014: características de la relación laboral del personal de alta dirección.

«Lo que caracteriza la relación laboral del personal de alta dirección es la participación en la toma de decisiones en actos fundamentales de gestión de la actividad empresarial» y que «para apreciar la existencia de trabajo de alta dirección se tienen que dar los siguientes presupuestos: el ejercicio de poderes inherentes a la titularidad de la empresa, el carácter general de esos poderes, que se han de referir al conjunto de la actividad de la misma, y la autonomía en su ejercicio, sólo subordinado al órgano rector de la sociedad».

- El personal de alta dirección no puede iniciar ejecuciones laborales, hasta que transcurran 3 meses a contar desde la presentación de la comunicación del deudor al juzgado. Los acreedores no podrán iniciar ejecuciones judiciales o extrajudiciales sobre bienes o derechos necesarios para la continuidad de la actividad empresarial o profesional del deudor.

- No puede instar la declaración de insolvencia, ni acudir al FOGASA, hasta que se declare el concurso.

- Las ejecuciones laborales iniciadas con anterioridad al proceso preconcursal, quedan en suspenso.

- Cobrarán el crédito laboral en función de lo pactado en el plan de reestructuración.

> Los créditos derivados de relaciones laborales del personal de alta dirección sí pueden verse afectados por el plan de reestructuración (art. 616.2 TRLC).

1.2.2. b) Los créditos de los consejeros ejecutivos[3]

> Cuando resulte necesario para el buen fin de la reestructuración, el plan de reestructuración podrá prever la suspensión o extinción de los contratos con consejeros ejecutivos y con el personal de alta dirección (art. 621.1 TRLC).

- No exponemos aquí medidas de carácter colectivo sino individuales que afectan de tal forma al consejero ejecutivo y al personal de alta dirección.

- **En caso de extinción**, en defecto de acuerdo, el juez puede moderar la indemnización que corresponda al consejero ejecutivo y al alto directivo, quedando sin efecto la que se hubiera pactado en el contrato, con el límite de la indemnización establecida en la legislación laboral para el despido colectivo (es decir, con el límite de 20 días por año de servicio con un máximo de 12 mensualidades), que resultará igualmente aplicable a los consejeros ejecutivos (art. 53. 1. b) ET).

- **En caso de suspensión** del contrato, este se podrá extinguir por voluntad del consejero ejecutivo o del alto directivo, con preaviso de 1 mes, conservando el derecho a la indemnización en los mismos términos previstos para la extinción.

- Las controversias que puedan surgir se tramitarán por el incidente concursal en materia laboral ante el juez de lo mercantil competente para la homologación del plan de reestructuración.

---

[3] Los contratos de los consejeros ejecutivos se regulan en Real Decreto Legislativo 1/2010, de 2 de julio, por el que se aprueba el texto refundido de la Ley de Sociedades de Capital. Las relaciones laborales del personal de alta dirección se regulan en el Real Decreto 1382/1985, de 1 de agosto, por el que se regula la relación laboral de carácter especial del personal de alta dirección.

- Si el plan de reestructuración produce efectos en el empleo y en los contratos de trabajo, serán de aplicación los arts. 64 y 65 ET.

Al expandir el tratamiento de alta dirección al consejero ejecutivo, el art. 621 TRLC recoge la doctrina vertida en la STJUE de 5 de mayo de 2022, C-101/21, caso HJ[4].

1.2.3. Resumen comparativo de los créditos derivados de la relación laboral común y de la especial de alta dirección

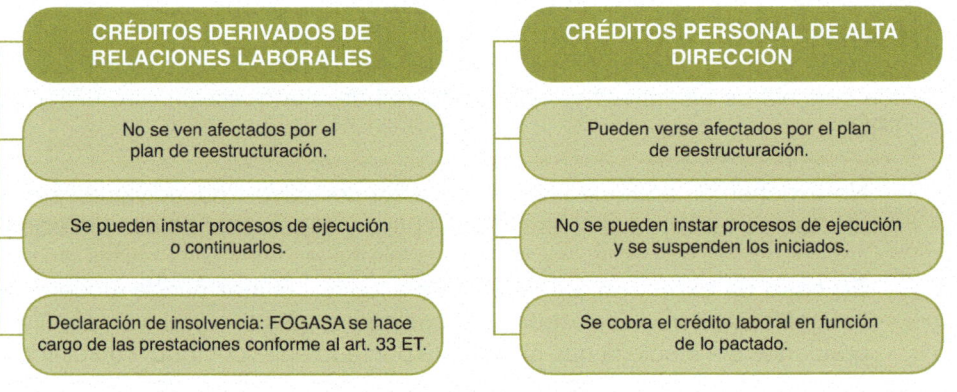

CRÉDITOS DERIVADOS DE RELACIONES LABORALES	CRÉDITOS PERSONAL DE ALTA DIRECCIÓN
No se ven afectados por el plan de reestructuración.	Pueden verse afectados por el plan de reestructuración.
Se pueden instar procesos de ejecución o continuarlos.	No se pueden instar procesos de ejecución y se suspenden los iniciados.
Declaración de insolvencia: FOGASA se hace cargo de las prestaciones conforme al art. 33 ET.	Se cobra el crédito laboral en función de lo pactado.

Gráfico núm. 26. Fuente: elaboración propia.

1.3. Medidas laborales de carácter colectivo en el preconcurso

Las situaciones de reestructuración (modificaciones sustanciales, suspensiones y reducciones de jornada, despidos, etc.) tienen una peculiar regulación derivada de la situación de la persona en situación de insolvencia inminente o probable. Sin embargo, en la situación que denominamos de preconcurso se aplican las normas laborales en su plenitud en el ámbito de los ajustes colectivos.

---

[4] MONEREO PÉREZ, J. L., RODRÍGUEZ ESCANCIANO, S. y RODRÍGUEZ INIESTA, G.: «Aproximación al contenido laboral de la Ley 16/2022, de 5 de septiembre, de reforma del texto refundido de la Ley concursal: apostando por la lógica "preventiva", "reestructuradora" y "conservativa" de la empresa y del empleo», *Revista Crítica de Relaciones de Trabajo*. Laborum, núm. 5, 2022, pág. 19.

> Cualquier modificación o extinción de la relación laboral que tenga lugar en el contexto del plan de reestructuración, se llevará a cabo de acuerdo con la legislación laboral aplicable, estando la empresa obligada, en particular, a respetar las normas de información y consulta de las personas trabajadoras (art. 628 bis TRLC).

En este sentido, en el contexto de un plan de reestructuración, sí que se podrían modificar aspectos relacionados con los salarios de la plantilla de trabajadores/as, pero estas medidas no quedarán al albur de lo negociado con los acreedores, sino que se tendrán que llevar a cabo de acuerdo con la legislación laboral[5].

1.4. Ejecuciones y procesos de ejecución

> La prohibición del inicio de ejecuciones o la suspensión de las ya iniciadas en ningún caso se aplicarán a las reclamaciones de créditos que legalmente no puedan quedar afectados por el plan de reestructuración (art. 606 TRLC).

Dado que los créditos laborales no entran dentro de los planes de reestructuración, sí que se pueden mantener las ejecuciones que se encuentren tramitándose desde la jurisdicción social e incluso iniciarse procesos de ejecución una vez abierto el proceso preconcursal[6]. Reseñemos las siguientes notas:

- La ejecución de las sentencias firmes se inicia a instancia de parte.
- En el escrito de solicitud, el ejecutante deberá señalar los bienes del ejecutado susceptibles de embargo de los que tenga conocimiento y, en su caso, si los considera suficientes para el fin de la ejecución[7].
- El órgano jurisdiccional despachará ejecución siempre que concurran los presupuestos y requisitos procesales, que el título ejecutivo no adolezca de ninguna irregularidad formal y que los actos de ejecución que se solicitan sean conformes con la naturaleza y contenido del título.

---

[5] TALÉNS VISCONTI, E.: «Aspectos laborales de la Ley 16/2022, de 5 de septiembre, de Reforma del Texto Refundido de la Ley Concursal», *op. cit.*, pág. 11.
[6] En idéntico sentido, se pronuncia la Circular 2/2022 emitida por la Secretaría General de FOGASA que reconoce expresamente que se pueden iniciar o continuar las ejecuciones de los créditos laborales cuando se está tramitando un plan de reestructuración. TALÉNS VISCONTI, E.: «Los créditos laborales en la reforma concursal de 2022», *Revista Temas laborales* núm. 167/2023, págs. 153-183.
[7] Conforme a lo prevenido en el art. 239 Ley 36/2011, de 10 de octubre, reguladora de la jurisdicción social.

2. LOS DERECHOS DE LA REPRESENTACIÓN LEGAL DE LAS PERSONAS TRABAJADORAS EN LA REGULACIÓN CONCURSAL

2. LOS DERECHOS DE LA REPRESENTACIÓN LEGAL DE LAS PERSONAS TRABAJA-DORAS EN LA REGULACIÓN CONCURSAL

La intervención de la representación legal de las personas trabajadoras en el procedimiento concursal tiene un gran relieve con el fin de garantizar la aplicación de las medidas protectoras de los derechos de éstas en una situación compleja como la concursal donde el juego de intereses es diverso. La nueva normativa concursal incrementa su presencia y visibilidad en el procedimiento concursal[8].

LA REPRESENTACIÓN LEGAL DE LAS PERSONAS TRABAJADORAS EN LA REGULACIÓN CONCURSAL

PARTICIPACIÓN DE LA RLT EN LOS PROCESOS PRECONCURSALES

PARTICIPACIÓN DE LA RLT EN LOS PROCESOS CONCURSALES

PARTICIPACIÓN DE LA RLT EN EL PROCESO ESPECIAL MICROEMPRESAS

PARTICIPACIÓN DE LA RLT EN EL CONCURSO SIN MASA

Gráfico núm. 27. Fuente: elaboración propia.

---

[8] TALÉNS VISCONTI, E.: «Aspectos laborales de la Ley 16/2022, de 5 de septiembre, de Reforma del Texto Refundido de la Ley Concursal», *Revista de Derecho del Trabajo,* núm. 1, vol. 2, 2023, pág. 41.

2.1. Participación de la RLT en los procesos preconcursales: modificación o extinción de la relación laboral

2.1.1. Participación de la RLT en el contenido de los planes de reestructuración

La regulación actual establece una serie de contenidos obligatorios o mínimos en los planes de reestructuración. En el cuadro establecemos las referencias dedicadas al ámbito laboral.

LOS PLANES DE REESTRUCTURACIÓN	
Contenido (art. 633.9 TRLC)	**Las medidas de reestructuración** operativa propuestas, la duración, en su caso, de esas medidas y los flujos de caja estimados del plan, así como las medidas de reestructuración financiera de la deuda, incorporando la financiación interna[9] y la nueva financiación prevista en el plan de reestructuración, **con justificación de su necesidad y, en su caso, las consecuencias globales para el empleo, como despidos, acuerdos sobre reducción de jornada o medidas similares.**
Contenido (art. 633. 11 TRLC)	**Las medidas de información y consulta** con los trabajadores/as que, de conformidad con la legislación laboral aplicable, se hayan adoptado o se vayan a adoptar, incluida la información de contenido económico relativa al plan de reestructuración, así como las previstas en los casos de adopción de las medidas de reestructuración operativas.
Derechos de información y consulta RLT (art. 697 quater TRLC)	En los supuestos en los que el deudor sea empleador, los representantes legales de las personas trabajadoras tendrán derecho, cuando así lo prevea la legislación laboral, a ser informados y consultados sobre el contenido del plan de continuación con carácter previo a su aprobación u homologación, según corresponda conforme a dicha legislación.

[9] La financiación interna o autofinanciación: son fondos generados por la propia empresa en el ejercicio de su actividad e incluyen las armonizaciones, las provisiones y las retenciones de beneficios. TORRE OLMO, B., FRESNO BOJ, M. y CANTERO SÁIZ, M.: *Tema 4. Las fuentes de financiación de la empresa*. Universidad de Cantabria (Dpto. de administración de empresas). https://ocw.unican.es/pluginfile.php/1079/course/section/663/Tema%204%20-%20Fuentes%20de%20financiacion.pdf

- En el ámbito de las obligaciones empresariales de información y consulta, la información supone «la transmisión de datos por el empresario al comité de empresa, a fin de que éste tenga conocimiento de una cuestión determinada y pueda proceder a su examen»[10]. Los representantes de las personas trabajadoras:

  o Recibirán información sobre las cuestiones previstas en el art. 64 ET.
  o Informarán a los trabajadores/as en aquellos temas previstos en el ET en cuanto, directa o indirectamente, tengan o puedan tener repercusión en las relaciones laborales (art. 64.7.e) ET).
  o Deberán informarse sobre los temas, para poder llevar a cabo las competencias de vigilancia y control en materia laboral, de Seguridad Social y de empleo, condiciones de seguridad y salud, aplicación del principio de igualdad de trato, así como del resto de los pactos, condiciones y usos de empresa en vigor (art. 64.7.a) ET).

Si el plan de reestructuración produce efectos en el empleo y en los contratos de trabajo en la empresa, deberá darse cumplimiento a lo dispuesto en los arts. 64 y 65 ET.

- El comité de empresa tendrá derecho a ser informado y consultado por la empresa sobre aquellas cuestiones que puedan afectar a las personas trabajadoras, así como sobre la situación de la empresa y la evolución del empleo en la misma (art. 64.1 ET).
- El comité de empresa tendrá derecho a ser informado y consultado sobre la situación y estructura del empleo en la empresa o en el centro de trabajo, así como a ser informado trimestralmente sobre la evolución probable del mismo, incluyendo la consulta cuando se prevean cambios al respecto.
- Asimismo, tendrá derecho a ser informado y consultado sobre todas las decisiones de la empresa que pudieran provocar cambios relevantes en cuanto a la organización del trabajo y a los contratos de trabajo en la empresa. Igualmente, tendrá derecho a ser informado y consultado sobre la adopción de eventuales medidas preventivas, especialmente en caso de riesgo para el empleo.
- El comité de empresa tendrá derecho a emitir informe, con carácter previo a la ejecución por parte del empresario de las decisiones adoptadas por este, sobre las siguientes cuestiones:

---

[10] Informe 0327/2010 Gabinete Jurídico Agencia Española de Protección de Datos. https://www.aepd.es/documento/2010-0327.pdf

a) Las reestructuraciones de plantilla y ceses totales o parciales, definiti-
vos o temporales, de aquella. También sobre las reducciones de jornada.

b) El traslado total o parcial de las instalaciones.

c) Los procesos de fusión, absorción o modificación del estatus jurídico
de la empresa que impliquen cualquier incidencia que pueda afectar al
volumen de empleo.

2.1.2. Participación de la RLT si el plan de reestructuración contempla la venta de una o varias unidades productivas

Como ya hemos expuesto anteriormente, el plan de reestructuración puede afectar no solo al pasivo, sino también al activo y a los fondos propios del deudor, por lo que puede contemplar la venta de la totalidad o de parte de una unidad productiva en funcionamiento. En estos supuestos, la participación de la RLT es la siguiente:

SUCESIÓN DE EMPRESA	
Función RLT (art. 44.5 ET)	Cuando la empresa, el centro de trabajo o la unidad productiva objeto de la transmisión conserve su autonomía, el cambio de titularidad del empresario no extinguirá por sí mismo el mandato de la RLT, que seguirán ejerciendo sus funciones en los mismos términos y bajo las mismas condiciones que regían con anterioridad.
Información (art. 44.6 y 7 ET)	El cedente y el cesionario deberán informar a la RLT afectada por el cambio de titularidad, de los siguientes extremos: a) Fecha prevista de la transmisión. b) Motivos de la transmisión. c) Consecuencias jurídicas, económicas y sociales, para los trabajadores/as, de la transmisión. d) Medidas previstas respecto de los trabajadores/as. De no haber RLT, el cedente y el cesionario deberán facilitar la información mencionada en el apartado anterior a las personas trabajadoras que pudieren resultar afectadas por la transmisión.
Información plazos (art. 44.8 ET)	El cedente vendrá obligado a facilitar la información mencionada en los apartados anteriores con la suficiente antelación, antes de la realización de la transmisión. El cesionario estará obligado a comunicar esta información con la suficiente antelación y, en todo caso, antes de que sus trabajadores/as se vean afectados en sus condiciones de empleo y de trabajo por la transmisión.
Periodo de consultas (art. 44.9 ET)	El cedente o el cesionario que previere adoptar, con motivo de la transmisión, medidas laborales en relación con sus trabajadores/as vendrá obligado a iniciar un periodo de consultas con la RLT sobre las medidas previstas y sus consecuencias para las personas trabajadoras. Este habrá de celebrarse con la suficiente antelación, antes de que las medidas se lleven a efecto.

2.2. La actuación de la representación de las personas trabajadoras en el concurso

La RLT puede personarse en el proceso concursal como parte interesada, ya sea desde la solicitud de este, o bien en cualquier momento posterior.

La administración concursal comunicará sin demora la declaración de concurso a la RLT, si la hubiere, haciéndoles saber de su derecho a personarse como parte en el procedimiento (art. 254 TRLC).

Los acreedores y los demás legitimados para solicitar la declaración de concurso actuarán representados por procurador y asistidos por letrado para solicitar esa declaración y para comparecer en el procedimiento, así como para presentar solicitudes o demandas, actuar en los incidentes que se incoen o interponer recursos, sin perjuicio de lo establecido **para la representación y defensa de las personas trabajadoras en el procedimiento concursal** en la Ley reguladora de la jurisdicción social, **incluidas las facultades atribuidas** a los graduados sociales y a **los sindicatos para el ejercicio de cuantas acciones y recursos sean precisas en el proceso concursal para la efectividad de los créditos y derechos laborales** (art. 513.2 TRLC).

Conforme a la Disposición final tercera del TRLC, y a través de la modificación de la Ley 1/1996, de 10 de enero, de asistencia jurídica gratuita, en el ámbito concursal, **los sindicatos** están exentos de efectuar depósitos y consignaciones en todas sus actuaciones y **gozarán del beneficio legal de justicia gratuita cuando ejerciten un interés colectivo en defensa de las personas trabajadoras y beneficiarias de la Seguridad Social.**

Sentencia núm. 362/2023, de 28 de julio, del Juzgado de lo Mercantil núm. 9 de Madrid: derecho a la asistencia jurídica gratuita de las personas trabajadoras en el ámbito concursal.

«Los trabajadores demandantes plantean demanda de incidente concursal laboral con la finalidad de que se declare la improcedencia del despido de fecha 31 de agosto de 2022, por existencia de un grupo de empresas, fraude de ley y falta de acreditación de causa económica...

No procede hacer expresa condena al pago de las costas procesales, al reconocerse en el orden social, asistencia jurídica gratuita a los trabajadores y beneficiarios de la Seguridad Social para la defensa en juicio y para el ejercicio de acciones para la efectividad de los derechos laborales en procedimientos concursales (art. 2.d) de la Ley 1/1996, de 10 de enero, de Asistencia Jurídica Gratuita)».

Como se ha mencionado anteriormente, con carácter general, en el procedimiento concursal se tiene que actuar representado por procurador y asistido de letrado (art. 512 TRLC). **Sin embargo, a las personas trabajadoras, se les exime de la obligación de actuar representado por procurador y asistido de letrado, puesto que les es de aplicación lo previsto en la Ley reguladora de la jurisdicción social (LRJS) para su representación y defensa**; ello implica que en la práctica podrán comparecer por sí mismos o conferir su representación a abogado, procurador, o graduado social (art. 18 LRJS), no tendrán que estar asistidos de letrado (art. 21.1 LRJS) y podrán conferir su representación a los sindicatos (art. 20 LRJS).

La participación de la representación legal de la RLT en el concurso es un aspecto esencial del que podríamos denominar Derecho Laboral Concursal. Sintetizamos su contenido en el siguiente cuadro.

PARTICIPACIÓN DE LA RLT Y SINDICATOS EN EL CONCURSO	
Solicitud de declaración del concurso (art. 7.4 TRLC)	Si el deudor es empleador, la solicitud debe contener el número de trabajadores/as, con expresión del centro de trabajo al que están afectos. Si existe RLT, deberá hacer constar la identidad de los integrantes y la dirección electrónica de cada uno de ellos. La RLT en la tramitación del procedimiento corresponderá a los sujetos indicados en el apartado 4 del art. 41 ET, en el orden y condiciones señalados en el mismo. Transcurridos los plazos indicados en el referido artículo sin que los trabajadores/as hayan designado representantes, el juez podrá acordar la intervención de una comisión de un máximo de 3 miembros, integrada por los sindicatos más representativos y los representativos del sector al que la empresa pertenezca (art. 171.2.2 TRLC).
Auto de declaración de concurso (art. 28.4 TRLC)	En caso de que el deudor sea empleador, el auto de declaración de concurso se notificará a la RLT aún en los supuestos en los que no se haya personado o no haya comparecido como parte en el procedimiento.
Venta de una o varias unidades productivas (art. 220.1 TRLC)	Las resoluciones que el juez adopte en relación con la enajenación de la empresa o de una o varias unidades productivas deberán ser dictadas previa audiencia, por plazo de 15 días.
Comunicación declaración del concurso (art. 254 TRLC)	La administración concursal comunicará sin demora la declaración de concurso a la RLT, si la hubiere, haciéndoles saber de su derecho a personarse como parte en el procedimiento.
Informe (art. 294.2 TRLC)	Si la RLT se ha personado en el concurso, la AC, el mismo día de la presentación, le remitirá el informe y los documentos anejos por correo electrónico.
Textos definitivos (art. 304.2 TRLC)	Si la RLT se ha personado en el concurso, la AC, el mismo día de la presentación, le remitirá los documentos definitivos.
Representación y defensa de las personas trabajadoras (art. 513.2 TRLC)	Los acreedores y los demás legitimados para solicitar la declaración de concurso actuarán representados por procurador y asistidos por letrado para solicitar esa declaración y para comparecer en el procedimiento, así como para presentar solicitudes o demandas, actuar en los incidentes que se incoen o interponer recursos, entre otros. Lo dispuesto en los artículos anteriores se entenderá sin perjuicio de **lo establecido para la representación y defensa de las personas trabajadoras en la Ley reguladora de la jurisdicción social, incluidas las facultades atribuidas a los graduados sociales y a los sindicatos para el ejercicio de cuantas acciones y recursos sean precisos en el proceso concursal para la efectividad de los créditos y derechos laborales.**
Recursos y legitimación (art. 551 TRLC)	Contra el auto que decida sobre los expedientes colectivos, estará legitimada para recurrir la RLT (las personas trabajadoras pueden recurrir el auto través de sus representantes).

2.3. Aspectos laborales y participación de la RLT en el procedimiento especial de microempresas

En el caso de las microempresas, como indica el preámbulo de la Ley 16/2022, de 5 de septiembre, no existe una fase común, ni un informe de la administración concursal, sino que todo se desarrolla por razones de economía procesal en una misma fase. En esta, se diseña un plan flexible e informal con el que se pretende evitar los problemas de retrasos e incumplimientos propios de la práctica en el concurso de acreedores. La participación de la RLT se resume en las siguientes actuaciones:

PROCEDIMIENTO ESPECIAL PARA MICROEMPRESAS	
Apertura del procedimiento especial por el deudor (art. 691.3. 9.º TRLC)	El formulario normalizado que presente el deudor empresario deberá estar íntegramente cumplimentado, e incluirá, el número de trabajadores/as con expresión del centro de trabajo al que estuvieran afectados, y la identidad de los integrantes del órgano de representación de los mismos si los hubiera, con expresión de la dirección electrónica de cada uno de ellos.
Derechos de información y consulta de la RLT (art. 697 quater TRLC)	En los supuestos en los que el deudor sea empleador, la RLT tendrá derecho, cuando así lo prevea la legislación laboral, a ser informada y consultada sobre el contenido del plan de continuación con carácter previo a su aprobación u homologación.
Tramitación del plan de liquidación (art. 707.4 TRLC)	Dentro de los 10 días hábiles siguientes desde la fecha en que se haya comunicado el plan de liquidación, el deudor, los acreedores concursales y, en su caso, la RLT podrán formular observaciones y propuestas de modificación. En el caso de que el plan de liquidación contuviera previsiones sobre la modificación sustancial de las condiciones de trabajo o el despido colectivo de trabajadores/as, se estará a lo establecido en materia de contratos de trabajo.
Transmisión de la empresa o de sus unidades productivas (art. 710.1.5.ª TRLC)	Cuando se reciba más de una oferta cuyos contenidos difieran, objetivamente, en el modo en que se garantiza la continuidad de la empresa o del establecimiento mercantil, el mantenimiento de los puestos de trabajo o la satisfacción de los créditos, el deudor o la administración concursal, oída la RLT, presentarán un informe al juez, con propuesta de resolución, para que este resuelva.

2.4. Participación de la RLT en el procedimiento de concurso sin masa

Como se ha citado en la primera parte, el concurso sin masa se regula en los arts. 37 bis a 37 quinquies TRLC. El papel de la RLT en este tipo de procedimientos será el genérico de representación y defensa de las personas trabajadoras[11], unido al derecho a ser informados.

CONCURSO SIN MASA	
Declaración de concurso sin masa (art. 37 ter TRLC)	El auto de declaración de concurso, en caso de que el deudor fuera empleador, se notificará a la RLT.

---

[11] Por ejemplo, tal y como se expone en el apartado del concurso sin masa, los acreedores que representen, al menos, el 5 % del pasivo tienen un plazo de 15 días para solicitar el nombramiento de un administrador concursal que presente informe razonado y documentado sobre, entre otros motivos, si existen indicios suficientes de que el deudor hubiera realizado actos perjudiciales para la masa activa (art. 37 ter TRLC).

3. LA SITUACIÓN DE LOS CRÉDITOS LABORALES EN EL CONCURSO

3. LA SITUACIÓN DE LOS CRÉDITOS LABORALES EN EL CONCURSO

Como elemento previo advirtamos que hasta la aprobación del convenio o hasta la apertura de la fase de liquidación, **los bienes y derechos que integran la masa activa no se podrán enajenar o gravar sin autorización del juez excepto:**

- Los actos de disposición inherentes a la <u>continuación de la actividad profesional</u> o empresarial del deudor.

- Los actos de disposición indispensables <u>para satisfacer las exigencias de tesorería</u> que requiera la tramitación del concurso de acreedores.

- Los actos de disposición indispensables <u>para garantizar la viabilidad</u> de los establecimientos, explotaciones o cualesquiera otras unidades productivas de bienes o de servicios que formen parte de la masa activa.

- Los actos de disposición de bienes que <u>no sean necesarios para la continuidad</u> de la actividad cuando se presenten ofertas que coincidan sustancialmente con el valor que se les haya dado en el inventario.

3.1. Definición de crédito laboral

En sentido amplio, crédito laboral es todo derecho de crédito cuyo origen, directo o remoto, se encuentra en la existencia de una relación contractual laboral, y que formará parte de los créditos contra la masa y de los créditos concursales.

Por tanto, **el salario no es el único crédito laboral, lo son también, otros créditos de los trabajadores/as como los extrasalariales frente al empleador (por ejemplo, las indemnizaciones correspondientes a traslados, modificaciones sustanciales, despidos)**, los créditos frente a otros sujetos deudores como en los supuestos de comunicación de responsabilidades en caso de la contrata y subcontrata, los créditos frente a la Seguridad Social (por ejemplo, por prestaciones derivadas de contingencias protegidas no percibidas), los créditos de FOGASA (por ejemplo, por abono de salarios e indemnización), etc.

> **STS núm. 4/2020, de 8 de enero: los pagos realizados por el FOGASA no extinguen las deudas del empleador concursado a las que se impute su pago, sino que continúan, pero con la subrogación del FOGASA en la posición de la persona trabajadora.**
>
> *«Conviene advertir que el pago del FOGASA, en cuanto garante del pago de una parte de los créditos adeudados por la sociedad empleadora en concurso de acreedores, no conlleva la extinción de estos créditos frente a la concursada, sino un cambio de acreedores, al subrogarse el FOGASA en la posición de los trabajadores respecto de los créditos satisfechos.*
>
> *De este modo, las reglas de imputación de pagos deben extraerse de los principios concursales y de la ratio subyacente a las reglas de preferencia de pagos dentro del concurso. Conforme a las mismas, los créditos contra la masa deben pagarse a su vencimiento, mientras que para el pago de los créditos concursales, por formar parte de la masa, debe esperarse, en caso de convenio, a su aprobación y de acuerdo con la novación pactada en cuanto a quitas y esperas, y en caso de liquidación, tras la liquidación del activo, después de que hubieran sido satisfechos los créditos contra la masa (salvo en el caso del crédito por privilegio especial respecto de los bienes afectados a su pago) y por el orden de prelación aprobado en la lista de acreedores (…)».*

Con respecto a la comunicación de los créditos, el art. 28 TRLC establece que el auto de declaración de concurso debe contener el llamamiento a los acreedores para que pongan en conocimiento de la AC la existencia de sus créditos en el plazo de 1 mes a contar desde el día siguiente a la publicación de la declaración de concurso en el BOE. La comunicación:

• Puede remitirse al domicilio designado al efecto por la administración concursal.

• O realizarse por medios electrónicos, que determinará la inclusión o exclusión de los créditos en la lista de acreedores.

Junto a ello, el art. 252 TRLC mandata a la AC a que realice una comunicación individualizada a cada uno de los acreedores cuya identidad y domicilio consten en la documentación que obre en autos, informando de la declaración de concurso y del deber de comunicar los créditos en la forma y dentro del plazo establecido en el art. 28 TRLC. Cuando conste la dirección electrónica del acreedor, la comunicación se efectuará por medios electrónicos. Así mismo, la AC, deberá comunicar la declaración de concurso a la Agencia Estatal de la Administración Tributaria y a la Tesorería General de la Seguridad Social, conste o no su condición de acreedoras. Igualmente, deberá comunicárselo a la RLT, de conformidad con el art. 254 TRLC[12].

3.2. La clasificación del crédito laboral

El art. 260 TRLC, contiene una regla especial por la que se impone a la AC el reconocimiento forzoso de determinados créditos, entre otros, los créditos de las personas trabajadoras cuya existencia y cuantía consten de cualquier modo en el concurso.

STS 146/2015, de 26 de marzo: reconocimiento de créditos a favor de las personas trabajadoras.

Los créditos laborales son de obligado reconocimiento, no obstante, es carga de toda persona trabajadora el constatar haber sido los mismos debidamente reconocidos, cuantificados y clasificados por la administración concursal.

En caso contrario, se debe impugnar la lista de acreedores o acudir al incidente concursal, según se trate de créditos concursales o contra la masa.

Para una adecuada clasificación del crédito laboral en el seno del concurso de acreedores, se deben diferenciar dos clases de créditos según la fecha de su devengo.

---

[12] En relación con las facultades de la AC ver el apartado 2.6 de la Parte I de esta Guía.

CLASIFICACIÓN DEL CRÉDITO LABORAL

- **CRÉDITOS CONTRA LA MASA:** son los que se generan por la actividad del empresario una vez es declarado en concurso art. 242.1 TRLC (a pesar de ser deuda anterior a la declaración de concurso), en beneficio de la persona trabajadora tiene la consideración legal de crédito contra la masa.
- **CRÉDITOS CONCURSALES:** son los anteriores que provocaron el concurso. Aquellos que determinaron que el deudor incurriera en el estado legal de insolvencia.

Gráfico núm. 28. Fuente: elaboración propia.

Los créditos laborales de todo contenido e importe posteriores a la declaración de concurso se consideran como créditos contra la masa. Respecto de los anteriores al concurso habrá de concretarse su catalogación en base a criterios de índole temporal, cuantitativa y objetiva.

3.3. Créditos laborales contra la masa

Como se ha mencionado anteriormente, la postergación del pago de los créditos contra la masa no podrá afectar a los créditos por alimentos, a los créditos laborales, a los créditos tributarios ni a los de la Seguridad Social.

Los pagos de los créditos contra la masa durante la fase común están sometidos a la regla general establecida en el art. 205 TRLC. No obstante, el art. 206 TRLC regula una excepción a dicha regla estableciendo que, en caso de que la empresa mantenga su actividad y siempre que haya liquidez, la administración concursal podrá realizar los pagos imprescindibles para la continuidad, abonando conforme al siguiente orden, los siguientes créditos:

➢ Salario mensual de la persona trabajadora sin topes ni límites.
➢ Resto de créditos contra la masa por orden de vencimiento.

CRÉDITOS LABORALES CONTRA LA MASA (art. 242 TRLC)

• Los créditos anteriores o posteriores a la declaración del concurso por indemnizaciones derivadas de accidente de trabajo y enfermedad profesional, cualquiera que sea la fecha de la resolución que los declare. Si los daños estuvieran asegurados, el crédito del asegurador por subrogación, regreso o reembolso tendrá la consideración de crédito concursal ordinario.

• Los créditos por salarios correspondientes a los últimos 30 días de trabajo efectivo realizado antes de la declaración de concurso en cuantía que no supere el doble del salario mínimo interprofesional.

• Los generados por el ejercicio de la actividad profesional o empresarial del concursado tras la declaración del concurso, estando comprendidos los créditos laborales devengados después de la declaración de concurso, las indemnizaciones por despido o extinción de los contratos de trabajo, así como los recargos sobre las prestaciones por incumplimiento de las obligaciones en materia de salud laboral, hasta que el juez acuerde el cese de la actividad profesional o empresarial, o declare la conclusión del concurso.

Los créditos por salarios e indemnizaciones generados tras la declaración del concurso se abonarán en la cuantía que resulte de multiplicar el triple del SMI por el número de días de salario pendientes de pago.

Si la persona trabajadora no está conforme con las acciones relativas a la calificación o al pago de los créditos contra la masa deberá ejercitar ante el juez del concurso un incidente concursal, procedimiento especial a través del cual se resuelven todas las cuestiones que se susciten durante el concurso y que no tengan señalada en el TRLC otra tramitación distinta, y que abordaremos en el apartado 4.11 de esta Guía.

Sentencia núm. 287/2023, de 12 junio, del Juzgado de lo Mercantil núm. 9 de Madrid: consideración de créditos contra la masa.

«En relación con los salarios, deberá tenerse en cuenta si alguna de las cantidades abonadas por este concepto corresponde a los salarios devengados en los treinta últimos días de trabajo efectivo, anteriores a la declaración del concurso, pues tendrán la consideración de créditos contra la masa. El resto de cantidades abonadas en concepto de salario, habrán de ser calificadas como crédito concursal por corresponder a servicios prestados con anterioridad a dicha fecha».

3.4. Insuficiente masa activa para pagar los créditos

En cuanto conste que la masa activa es insuficiente o es previsible que lo sea para el pago de los créditos contra la masa, la administración concursal tiene que comunicarlo al juez del concurso. El LAJ notificará por medios electrónicos esta comunicación a todas las partes personadas en el proceso.

Desde que la administración concursal comunique al juez del concurso que la masa activa es insuficiente para el pago de los créditos contra la masa, tendrán preferencia de cobro los créditos vencidos o que venzan después de esa comunicación que sean imprescindibles para la liquidación de la masa activa.

Por tanto, desde ese momento, y una vez que la administración concursal se lo comunica al juez, **se altera el orden de pago** previsto para los créditos contra la masa en función de su orden de vencimiento.

Los créditos imprescindibles para la liquidación son aquellos que tienen preferencia de cobro desde que el administrador concursal comunique la insuficiencia de masa activa para el pago de los créditos contra la masa. En concreto, se entiende que son, en todo caso, créditos imprescindibles para la liquidación, **y se pagarán por este orden:**

- Los créditos por salarios de los trabajadores/as devengados después de la apertura de la fase de liquidación mientras continúen prestando sus servicios.

- La retribución de la administración concursal durante la fase de liquidación.
- Las cantidades adeudadas a partir de la apertura de la fase de liquidación en concepto de rentas de los inmuebles arrendados para la conservación de bienes y derechos de la masa activa.

Si la masa activa fuera insuficiente para atender estos créditos, el pago de los que hubieran vencido se realizará a prorrata. **El art. 250.4 TRLC, determina que tendrán prelación sobre los créditos contra la masa del art. 242.1.2.º TRLC** (créditos por salarios correspondientes a los últimos 30 días de trabajo efectivo realizado antes de la declaración de concurso en cuantía que no supere el doble del salario mínimo interprofesional), **los créditos por salarios e indemnizaciones por despido o extinción de los contratos de trabajo generados tras la declaración del concurso en la cuantía que resulte de multiplicar el triple del salario mínimo interprofesional por el número de días de salario pendientes de pago.**

Auto de 5 septiembre 2023, del Juzgado de lo Mercantil núm. 6 de Madrid: la omisión, dolosa o culposa grave, de créditos existentes —sean o no vencidos— en la solicitud concursal y documentación general ha de determinar que los mismos queden fuera del sistema de exoneración.

«Tampoco puede aceptarse [—pues tal parece ser el sentido de la aclaración formulada—] que la exoneración se extienda a acreedores no incluidos por la deudora en su solicitud concursal; y ello porque fijado el pasivo [—acreedores, titularidad, origen del crédito e importes—] respecto del que pretende extienda sus efectos el proceso concursal sin masa y su derecho a la exoneración, la omisión [—dolosa o culposa grave—] de créditos existentes —sean o no vencidos— en la solicitud concursal y documentación general ha de determinar que los mismos queden fuera del sistema de exoneración.

Cierto es que el art. 489.1 TRLC extiende el derecho a la exoneración a la totalidad de los créditos exonerables, pero ello lo será [—en supuestos de declaración limitada sin masa, sin administración concursal y sin llamamiento de acreedores—] respecto de los que siendo exonerables se encuentren en el listado elaborado y unido a la solicitud concursal; sin perjuicio de estimar incluibles en este derecho a los créditos contra la masa exonerables devengados tras la declaración concursal limitada».

3.5. Créditos concursales laborales

Para su inclusión en la masa pasiva, los acreedores, **incluidas las personas trabajadoras**, deben comunicar sus créditos concursales. Si no lo hacen, perderán sus derechos de crédito frente al deudor, salvo de aquellos que ya consten en el concurso.

3.5.1. Créditos concursales laborales con privilegio especial (arts. 270 y ss. TRLC)

Uno de los créditos con privilegio especial son los denominados créditos refaccionarios, es decir, aquellos créditos sobre el dinero anticipado o el trabajo prestado para la realización de obras de construcción, conservación o reparación de un bien ajeno, que se aplica a los bienes refaccionados, incluidos los de las personas trabajadoras sobre los objetos por ellas elaborados mientras sean propiedad o estén en posesión del concursado.

Su pago se hará con cargo a esos bienes afectos, si bien la administración concursal puede optar por su pago con cargo a la masa. Lo obtenido de la liquidación de estos objetos, quedará destinado a hacer frente a las deudas salariales con preferencia. Si la liquidación no basta para satisfacer la deuda, el resto sería una deuda con privilegio general.

3.5.2. Créditos concursales laborales con privilegio general (art. 280 TRLC)

Se consideran créditos concursales laborales con privilegio general los siguientes:

- Los créditos por salarios que no tengan reconocido privilegio especial, en la cuantía que resulte de multiplicar el triple del salario mínimo interprofesional por el número de días de salario pendientes de pago.

- Las indemnizaciones derivadas de la extinción de los contratos, en la cuantía correspondiente al mínimo legal calculada sobre una base que no supere el triple del salario mínimo interprofesional.

- Los capitales coste de Seguridad Social de los que sea legalmente responsable el concursado.

- Los recargos sobre las prestaciones por incumplimiento de las obligaciones en materia de salud laboral devengados con anterioridad a la declaración de concurso.

3.5.3. Créditos concursales laborales ordinarios

Son créditos concursales laborales ordinarios los que resten y aquellas cantidades que excedan de los límites legales de indemnización y salario, es decir, las cuantías no cubiertas por los que sean privilegiados. Se clasifican como créditos ordinarios aquellos que en el TRLC no tengan la consideración de créditos privilegiados o subordinados (art. 269.3 TRLC).

Su pago se efectuará con cargo a los bienes y derechos de la masa activa que resten una vez satisfechos los créditos contra la masa y los privilegiados. Los créditos ordinarios serán satisfechos a prorrata, juntamente con la parte de los créditos con privilegio especial en que no hubieran sido satisfechos con cargo a los bienes y derechos afectos, salvo que tuvieran la consideración de subordinados.

La regla general de pago es que, durante la fase común, la administración concursal conservará la masa activa del modo más conveniente para el interés del concurso (art. 204 y ss. TRLC), por lo que atenderá al pago en función de la liquidez[13].

3.5.4. Créditos concursales laborales subordinados

Son los créditos comunicados tardíamente, salvo que se trate de:

- Créditos cuya existencia resultare de la documentación del deudor.
- Constasen de otro modo en el concurso o en otro procedimiento judicial.
- Que para su determinación sea precisa la actuación inspectora de las Administraciones públicas.

En estos supuestos, tendrán el carácter que les corresponda según su naturaleza.

---

[13] Salvo la excepción prevista en el art. 397 TRLC.

Los créditos derivados de los intereses devengados por el retraso del pago de los créditos salariales tienen la consideración de subordinados.

STS núm. 1513/2023, de 31 de octubre: no cabe que se subordinen todos los créditos resultantes.

«La administración concursal reconoció a la AEAT un crédito subordinado por importe total de 134.190,42 €, por derivación de responsabilidad tributaria del art. 43.1 a) de la Ley General Tributaria.

La AEAT formuló incidente concursal de impugnación de la lista de acreedores y solicitó la inclusión de su crédito en los términos interesados en su comunicación (certificación de deuda). En el desarrollo del motivo, la AEAT argumenta, resumidamente, que la clasificación de los créditos nacidos de la derivación de responsabilidad debe ser la misma que tuvieran los créditos del obligado tributario principal. Aunque le sean aplicables al procedimiento de derivación las normas del procedimiento sancionador, la deuda tributaria no pierde su naturaleza por el hecho de ser exigida a otros obligados tributarios que, por disposición legal, se colocan al lado del obligado principal.

Al dársele traslado del recurso de casación, la parte recurrida presentó un escrito en el que se allanaba a dicho recurso, en atención a que la misma cuestión jurídica planteada ha sido ya resuelta por esta sala en las sentencias 315/2020 (RJ 2020, 2290) y 316/2020 (RJ 2020, 2282), ambas de 17 de junio, y 664/2020, de 10 de diciembre. Como consecuencia de ello, el recurso de casación debe ser estimado».

3.5.5. Resumen

NATURALEZA	TIPO	CUÁNDO SE COBRA
Los créditos anteriores o posteriores a la declaración del concurso por indemnizaciones derivadas de accidente de trabajo y enfermedad profesional.	Crédito contra la masa	A solicitud de la administración concursal, salvo que sean reconocidos por incidente o, salvo que los daños estén asegurados.
Los créditos por salarios correspondientes a 30 días anteriores al concurso, hasta el doble del SMI.	Crédito contra la masa	A solicitud de la administración concursal, (salvo que sean reconocidos por incidente).
Los créditos generados por la actividad profesional o empresarial del concursado posteriores a la declaración del concurso.	Crédito contra la masa	A su vencimiento.
Créditos refaccionados. Bienes fabricados por los trabajadores/as.	Crédito con privilegio especial	Cuando se liquiden esos bienes.
Créditos que no tengan reconocido privilegio especial; las indemnizaciones derivadas de extinción de contrato; costes de Seguridad Social; recargos en prestaciones incumplimiento en materia salud laboral (anteriores a la declaración de concurso).	Crédito con privilegio general	En la liquidación, después de los que tengan privilegio especial.
Los que no tengan la consideración de privilegiados o subordinados.	Crédito ordinario	En la liquidación, después de todos los privilegiados, salvo excepción judicial.
Los comunicados tardíamente y los créditos derivados de intereses.	Crédito subordinado	En la liquidación, después de todos los ordinarios.

3.6. Créditos laborales tras la aprobación de un convenio

Hasta la reforma, los créditos adeudados tras la aprobación judicial del convenio eran créditos no concursales por lo que su reconocimiento era competencia de los órganos de la jurisdicción social.

STS de 31 de enero de 2019, rec. 1141/2017: competencia de la jurisdicción social.

El TS consideró, a cerca de la competencia para ejecutar los créditos devengados con posterioridad a la aprobación de un convenio, que estos deben de hacerse efectivos en el seno del orden jurisdiccional social.

Hay una parte de la doctrina que considera que esta jurisprudencia no queda alterada atendiendo a la ubicación sistemática del reformado art. 414 bis TRLC. En efecto, cuando el crédito laboral se devengue durante la fase de cumplimiento del convenio y en tanto en cuanto no se declare el incumplimiento del mismo y, por ende, no se abra la fase de liquidación, la doctrina del TS se debe de mantener. En este sentido, las personas trabajadoras que quieran reclamar el pago de su crédito laboral durante el cumplimiento del convenio y en tanto que no se abra la liquidación, tendrán que demandar ante la jurisdicción social e, incluso, mientras esta situación no cambie, se podrá recabar tutela ejecutiva sobre dichos créditos[14].

STS núm. 387/2022, de 27 de abril: atribuye al orden social la ejecución de créditos laborales reconocidos por sentencia cuando la empresa está en concurso y ya se ha aprobado el convenio.

«La conclusión que se extrae es clara: una vez aprobado el convenio concursal, los acreedores concursales no sujetos al convenio así como los acreedores que hubieran adquirido su crédito después de aprobado el convenio, podrán iniciar ordinariamente ejecuciones o continuar con las que hubieran iniciado; ejecuciones que no se acumularán al proceso concursal, puesto que el efecto específico del concurso, consistente en la paralización de la ejecución y la atracción de las ejecuciones al concurso, ha sido enervado desde la eficacia del convenio».

---

[14] TALÉNS VISCONTI, E.: «Aspectos laborales de la Ley 16/2022, de 5 de septiembre, de Reforma del Texto Refundido de la Ley Concursal», *op. cit.*, págs. 67 y 68.

La actual redacción del art. 414 bis TRLC, referente a las especialidades en caso de incumplimiento del convenio, regula que los créditos contraídos por el deudor durante el periodo de cumplimiento del convenio tendrán la consideración de créditos concursales.

3.7. Impugnación de la lista de acreedores

Dentro del plazo de 10 días desde la publicación del informe de la administración concursal en el Registro Público Concursal, las partes personadas en el concurso de acreedores podrán impugnar la lista de acreedores tanto en relación con la exclusión de créditos concursales, como a la cuantía o a la clasificación de los reconocidos.

> **Sentencia núm. 67/2023, de 15 mayo, del Juzgado de lo Mercantil núm. 3 de Vigo: delimitación del objeto de impugnación.**
>
> *«La delimitación del objeto e impugnación se prevé en el art. 298 TRLC, en el cual, y respecto a lo que constituye el objeto de este incidente se señala, en su punto primero: "la impugnación de la lista de acreedores podrá referirse a la inclusión o a la exclusión de créditos concursales, así como a la cuantía o a la clasificación de los reconocidos".*
>
> *En este supuesto, lo que es objeto de impugnación es la correcta clasificación de un crédito devengado a favor de una extrabajadora de la concursada, el cual consta incluido en la lista de acreedores y se refleja con la clasificación de créditos concursal con privilegio general, debe de ser considerado un crédito contra la masa.*
>
> *Que, estimando la demanda incidental formulada por el FONDO DE GARANTÍA SALARIAL contra la administración concursal, en consecuencia, acuerdo que por la administración concursal proceda a rectificar la lista de acreedores en el siguiente sentido:*
>
> *1. Se excluya como crédito concursal, con la clasificación de privilegio general, la suma de 1.129,27 € correspondientes al salario de los meses febrero y marzo de 2022, devengados a favor de la ex trabajadora de la concursada.*
>
> *2. Se reconozca el citado crédito como crédito contra la masa».*

Quienes no impugnaren en tiempo y forma la lista de acreedores, no podrán plantear su modificación, aunque podrán recurrir en apelación las modificaciones introducidas por el juez al resolver las impugnaciones de otros legitimados. Las impugnaciones se sustanciarán por los trámites del incidente concursal.

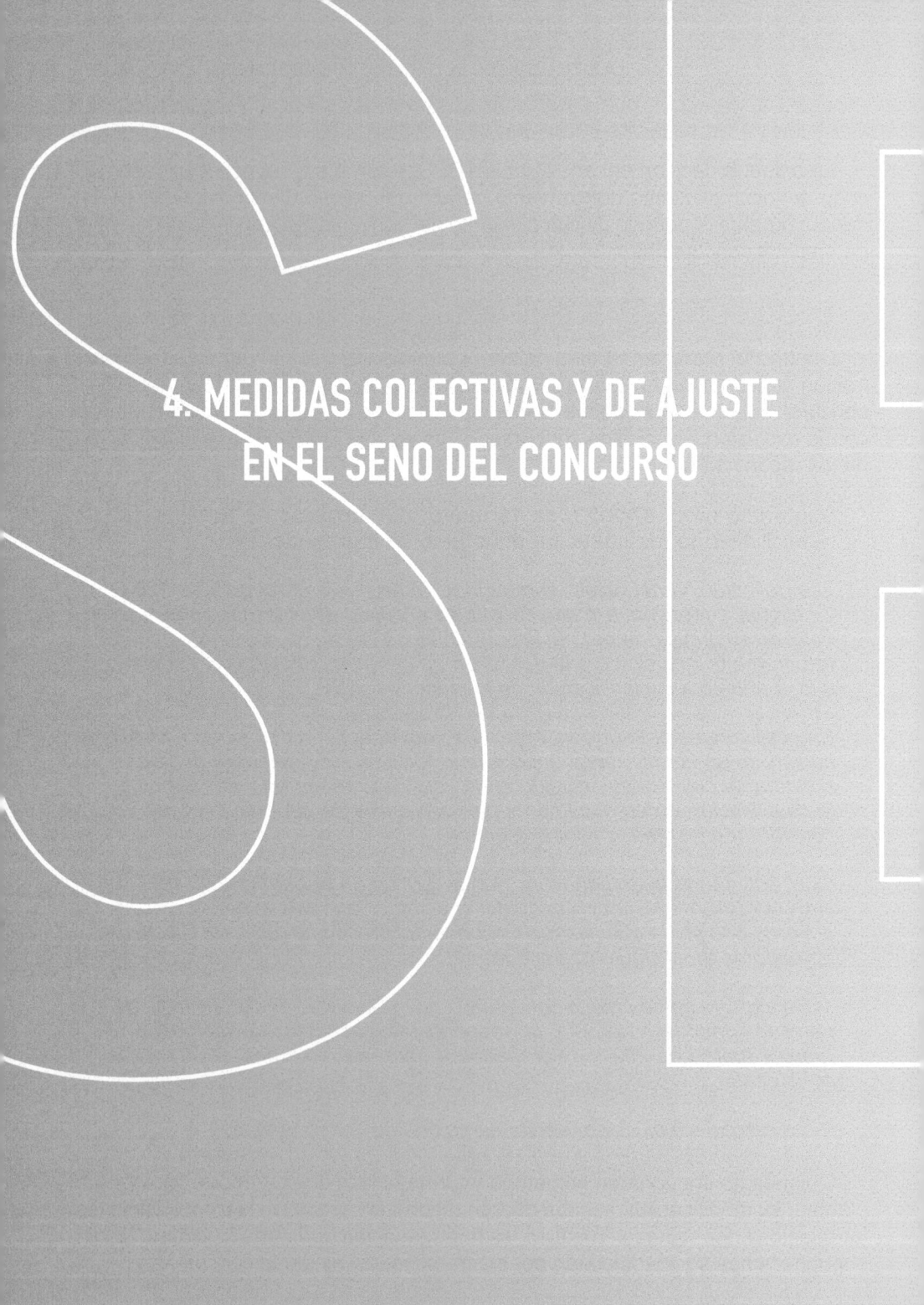

4. MEDIDAS COLECTIVAS Y DE AJUSTE EN EL SENO DEL CONCURSO

4. MEDIDAS COLECTIVAS Y DE AJUSTE EN EL SENO DEL CONCURSO

Que una empresa sea declara en situación de concurso no supone necesariamente que vaya a ser liquidada. En efecto, la empresa puede continuar su actividad, en ese caso, las personas trabajadoras deben continuar trabajando y por ello recibirán los salarios correspondientes.

No obstante, dada la situación económica de la empresa, es posible que se adopten medidas de ajuste.

4.1. Medidas de ajuste y normativa aplicable. Orden jurisdiccional competente

De conformidad con el art. 169 TRLC, estas medidas pueden ser:

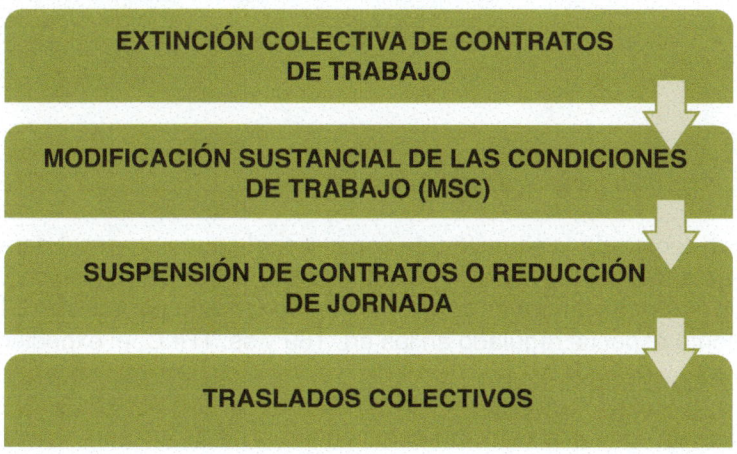

Gráfico núm. 29. Fuente: elaboración propia.

El art. 170 TRLC prevé una regulación diversa en función de cuándo se haya iniciado la tramitación de una medida colectiva o de ajuste en relación con el concurso:

EXPEDIENTES INICIADOS ANTES DE LA DECLARACIÓN DEL CONCURSO	EXPEDIENTE EN TRÁMITE	EXPEDIENTE FINALIZADO
El concursado lo pondrá inmediatamente en conocimiento del juez del concurso.	Si no hubiera alcanzado un acuerdo o no se hubiera notificado la decisión empresarial, dentro de los 3 días siguientes al de la comunicación, el LAJ citará a comparecencia a los legitimados previstos en el art. 171 TRLC para exponer y justificar, en su caso, la procedencia de continuar con la tramitación de las medidas colectivas, conforme a lo previsto en el TRLC. Las actuaciones practicadas hasta la fecha de la declaración de concurso conservarán su validez en el procedimiento que se tramite ante el juzgado.	Si a la fecha de la declaración del concurso ya se hubiera alcanzado un acuerdo o se hubiera notificado la decisión adoptada con relación a las medidas de carácter colectivo, corresponderá a la AC la ejecución de tales medidas.
		Si al tiempo de la declaración de concurso el acuerdo o la decisión empresarial hubieran sido impugnados ante la jurisdicción social, el procedimiento continuará ante los órganos de esta jurisdicción hasta la firmeza de la correspondiente resolución.

Gráfico núm. 30. Fuente: elaboración propia.

Una vez declarada la situación de concurso, el cauce procesal para la modificación sustancial de las condiciones de trabajo, el traslado, despido y suspensión de los contratos laborales y la reducción de jornada por causas ETOP es el procedimiento especial regulado en los art. 169 y ss. TRLC, el expediente colectivo.

No existe un concepto estrictamente concursal de lo que son expedientes colectivos, sino que se parte de la definición de las reglas contenidas en los arts. 40, 41, 47 y 51 ET, que diferencian entre decisiones individuales o colectivas, relativos a la modificación sustancial de las condiciones de trabajo, al traslado, al despido, a la suspensión de contratos y a la reducción temporal de jornada.

Las acciones sociales que tengan por objetivo la modificación sustancial de las condiciones de trabajo, el traslado, el despido, la suspensión de contratos o la reducción de jornada[15] por causas económicas, técnicas, organizativas o de producción (ETOP) y las que versen sobre la suspensión y extinción de contratos de alta dirección que, conforme a la legislación laboral y concursal, tengan **carácter colectivo, serán competencia del juez del concurso (art.169 TRLC).**

Por el contrario, la suspensión y reducción de contratos por causas ETOP **individuales y/o plurales** de conformidad con los parámetros del art. 41 ET, los despidos, traslados y modificaciones **no colectivos** por las mismas causas, así como las extinciones, suspensiones y reducciones de jornada derivadas de fuerza mayor corresponden al orden social[16]. En el supuesto de las medidas de carácter individual, respecto a la toma de decisión habrá que aplicar las reglas generales de limitación de toma de decisiones empresarial del régimen concursal. En todo caso, la autoridad concursal deberá aprobar la decisión empresarial.

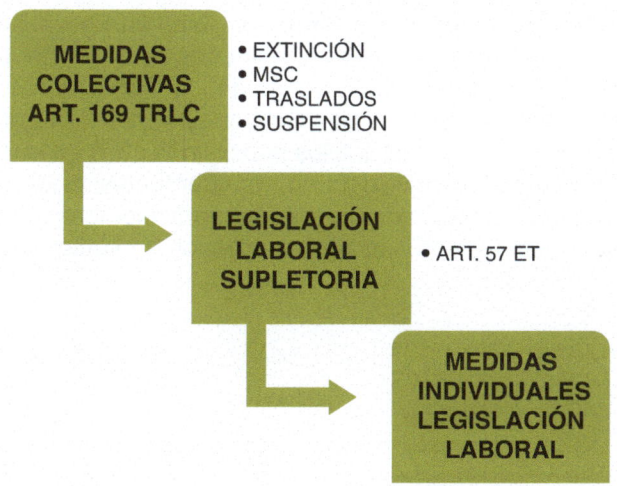

Gráfico núm. 31. Fuente: elaboración propia.

---

[15] La suspensión de contratos y la reducción de jornada tendrán carácter colectivo cuando afecten al número de personas trabajadoras establecido en la legislación laboral para la modificación sustancial de las condiciones de trabajo con este carácter. STS 345/2022, de 19 abril, rec. 1779/2019.
[16] MONEREO PÉREZ, J. L., RODRÍGUEZ ESCANCIANO, S. y RODRÍGUEZ INIESTA, G.: «Aproximación al contenido laboral…», *op. cit.,* pág. 34.

El art. 57 ET determina que, en caso de concurso, a los supuestos de modificación, suspensión y extinción colectivas de los contratos de trabajo y de sucesión de empresa, se aplicarán las especialidades previstas en el TRLC.

Por tanto, los cambios y las decisiones colectivas han de tramitarse necesariamente ante el juez del concurso, conforme a la regulación contenida en los arts. 169 a 185 TRLC.

4.2. Solicitud de la adopción de la medida colectiva (arts. 172 y ss. TRLC)

La legitimación activa (art. 171 TRLC) para solicitar al juez del concurso la modificación sustancial de las condiciones de trabajo, el traslado, el despido, la suspensión de contratos o la reducción temporal de jornada, de carácter colectivo, corresponde al empleador concursado, a la **AC o a las personas trabajadoras** de la empresa concursada a través de sus representantes legales. Se producen, por tanto, importantes variaciones y al legitimado ordinario para solicitar la implementación de las medidas reseñadas se añade: la autoridad concursal, y las personas trabajadoras a través de sus representantes.

De conformidad con el art. 171.2 TRLC, se entenderá por representación de las personas trabajadoras a «los sujetos indicados en el apartado 4 del artículo 41 del texto refundido de la Ley del Estatuto de los Trabajadores, aprobado por el Real Decreto Legislativo 2/2015, de 23 de octubre, en el orden y condiciones señalados en el mismo. Transcurridos los plazos indicados en el referido artículo sin que los trabajadores hayan designado representantes, el juez podrá acordar la intervención de una comisión de un máximo de 3 miembros, integrada por los sindicatos más representativos y los representativos del sector al que la empresa pertenezca».

Auto de 29 de febrero, del Juzgado de lo Mercantil núm. 23 de Bilbao: representación institucional de los sindicatos en el proceso social para el concurso.

«(...) la excepción judicial a la regla de continuación de ejercicio de la actividad del empresario declarado en concurso, mediante el cierre de locales o explotaciones, o cese o suspensión, de dicha actividad, total o parcial, requiere la previa audiencia de los representantes de los trabajadores (art. 44.4 LECO). Si de ahí se necesita, el art. 64 LECO prevé la intervención de los representantes legales de los trabajadores del concursado, como eventuales promotores de la adopción de medidas de modificación, suspensión o extinción colectiva de contratos de trabajo en que sea empleador aquél, en todo caso, como los interlocutores de la administración concursal en el período de consultas, y a fin de acordar tales medidas, manteniendo especialmente cuantas competencias les atribuye la legislación laboral para tal procedimiento de regulación laboral en el seno del concurso (art. 64.11 LECO), como al respecto de los acuerdos de reorganización de arts. 40.2, 41.4, 47 y 51.8 ET».

Por regla general, la solicitud de la medida colectiva se podrá presentar al juez, una vez emitido el informe por la administración concursal.

Auto núm. 151/2007, de 22 de mayo, del Juzgado de lo Mercantil núm. 1 de Cádiz: admisión de la solicitud antes del informe de la administración concursal.

«Para justificar la solicitud anterior al informe de la administración concursal, la concursada alega la imposibilidad de continuación de la actividad industrial, que se colige del informe de la entidad auditora, obrante en autos, añadiendo que, dadas las cuantiosas pérdidas que arrastra la sociedad, la posposición de las medidas conllevaría graves perjuicios para la masa activa, sobre la que existe un deber de conservación (...).

Por lo expuesto, se estima procedente la solicitud por la concursada (cuya legitimación viene reconocida en el art. 64.2 TRLC), aun cuando no haya sido emitido el informe de la administración concursal, sin perjuicio de lo que a este respecto pueda acordarse una vez tramitado el expediente, y constatadas todas las circunstancias alegadas en la solicitud (...)».

Cuando se estime que la demora en la aplicación de las medidas colectivas pretendidas puede comprometer gravemente la viabilidad futura de la empresa y del empleo o causar grave perjuicio a las personas trabajadoras, será el juez del concurso quien valore si concurre la situación de gravedad y si admite la solicitud presentada antes de la emisión del informe concursal.

4.3. Causas y requisitos que motivan la solicitud

El art. 173 TRLC determina que en la solicitud se deben exponer y justificar las causas que motivan las medidas colectivas pretendidas y los objetivos que se proponen alcanzar con ellas, acompañando los documentos necesarios para su acreditación.

Ante el silencio de la regulación concursal, las causas motivadoras de las medidas y el contenido de las mismas podrán ser las contempladas en la regulación laboral en función del tipo de medida, dada la aplicación subsidiaria que determina el art. 169.2 TRLC: *«En todo lo no previsto en esta Subsección se aplicará la legislación laboral. Los representantes de los trabajadores tendrán cuantas facultades les atribuya esa legislación».*

CAUSAS ECONÓMICAS

Concurren causas económicas cuando de los resultados de la empresa se desprenda una situación económica negativa, en casos tales como la existencia de pérdidas actuales o previstas, o la disminución persistente de su nivel de ingresos ordinarios o ventas. En todo caso, se entenderá que la disminución es persistente si durante 2 trimestres (3 para el despido colectivo) consecutivos el nivel de ingresos ordinarios o ventas de cada trimestre es inferior al registrado en el mismo trimestre del año anterior.

En el caso de las MSC, se consideraran las que estén relacionadas con la competitividad, productividad u organización técnica o del trabajo en la empresa, así como las contrataciones referidas a la actividad empresarial.

CAUSAS TÉCNICAS, ORGANIZATIVAS Y PRODUCCIÓN

Concurren causas técnicas cuando se produzcan cambios, en el ámbito de los medios o instrumentos de producción; causas organizativas cuando se produzcan cambios, en el ámbito de los sistemas y métodos de trabajo del personal o en el modo de organizar la producción y causas productivas cuando se produzcan cambios, en la demanda de los productos o servicios que la empresa pretende colocar en el mercado.

Gráfico núm. 32. Fuente: elaboración propia.

La exposición de la causa que motiva la adopción de la medida laboral, así como la documentación que la sustenta, deben de aportarse con anterioridad a la celebración del periodo de consultas, junto a la solicitud, requisito este que, de no cumplirse, impedirá la continuación de la tramitación del expediente (salvo en caso de subsanación).

Si la medida afecta a empresas de más de 50 personas trabajadoras, deberá acompañarse a la solicitud **un plan que contemple la incidencia de las medidas laborales** propuestas en la viabilidad futura de la empresa y del empleo.

En relación con el contenido del plan, pueden tomarse como referencia, las medidas sociales de acompañamiento contempladas en el art. 8 del RD 1483/2012, de 29 de octubre, por el que se aprueba el Reglamento de los procedimientos de despido colectivo y de suspensión de contratos y reducción de jornada:

1. *Entre las medidas para evitar o reducir los despidos colectivos se podrán considerar,* entre otras, las siguientes:

a) La recolocación interna de las personas trabajadoras dentro de la misma empresa o, en su caso, en otra del grupo de empresas del que forme parte.

b) Movilidad funcional de las personas trabajadoras.

c) Movilidad geográfica de las personas trabajadoras.

d) Modificaciones sustanciales de condiciones de trabajo de las personas trabajadoras.

e) Inaplicación de las condiciones de trabajo.

f) Acciones de formación o reciclaje profesional de las personas trabajadoras que puedan contribuir a la continuidad del proyecto empresarial.

g) Cualquier otra medida organizativa, técnica o de producción dirigida a reducir el número de personas trabajadoras afectadas.

2. *Entre las medidas para atenuar las consecuencias en las personas traba-jadoras afectadas, podrán considerarse*, entre otras, las siguientes[17]:

a) El derecho de reingreso preferente en las vacantes del mismo o similar grupo profesional que se produzcan en la empresa dentro del plazo que se estipule.

b) La recolocación externa de las personas trabajadoras a través de empre-sas de recolocación autorizadas.

c) Acciones de formación o reciclaje profesional para la mejora de la emplea-bilidad de las personas trabajadoras.

d) Promoción del empleo por cuenta propia como autónomos o en empresas de economía social.

e) Medidas compensatorias de los gastos derivados de la movilidad geográ-fica.

f) Medidas compensatorias de las diferencias salariales con un nuevo em-pleo.

4.4. Documentos que aportar junto a la solicitud

A) Documentos que se deben aportar en las extinciones colectivas

Puede servir de guía el art. 3 RD 1483/2012[18] que determina, que cualquiera que sea la causa alegada para los despidos colectivos, la comunicación de inicio del periodo de consultas contendrá los siguientes extremos:

---

[17] Cabe recordar que, el art. 51.10 ET, no es de aplicación para las empresas concursadas, por lo que no existe la obligación de que, si el despido colectivo afecta a más de 50 personas trabajadoras, la empresa deba ofrecer a las mismas un plan de recolocación externa a través de empresas de re-colocación autorizadas.

[18] Modificado por la disposición final 4.1 de la Ley 1/2014, de 28 de febrero y la disposición final 4.1 del Real Decreto Ley 11/2013, de 2 de agosto, para la protección de los trabajadores a tiempo parcial y otras medidas urgentes en el orden económico y social. Esta modificación legal adapta el contenido del artículo 64 de la Ley 22/2003, de 9 de julio, Concursal, relativo a la tramitación de los procedi-mientos de modificación sustancial de las condiciones de trabajo de carácter colectivo, incluidos los traslados colectivos, y de suspensión o extinción colectivas de las relaciones laborales, una vez de-clarado el concurso, a los cambios que afectan a la comisión negociadora en procedimientos de con-sulta.

a) La especificación de las causas del despido colectivo.

b) Número y clasificación profesional de las personas trabajadoras afectadas por el despido y/o aquellas empleadas habitualmente en el último año. Cuando el procedimiento de despido colectivo afecte a más de un centro de trabajo, esta información deberá estar desglosada por centro de trabajo y, en su caso, provincia y comunidad autónoma.

c) Período previsto para la realización de los despidos.

d) Criterios tenidos en cuenta para la designación de las personas trabajadoras afectadas por los despidos.

e) Copia de la comunicación dirigida a las personas trabajadoras o a sus representantes por la dirección de la empresa de su intención de iniciar el procedimiento de despido colectivo.

f) Representantes de las personas trabajadoras que integrarán la comisión negociadora o, en su caso, indicación de la falta de constitución de ésta en los plazos legales.

g) Memoria que explique las causas alegadas, ya sean económicas, productivas, técnicas u organizativas.

Si lo alegado son causas económicas, se justificará conforme a lo prevenido en al art. 4 RD 1483/ 2012[19]:

---

[19] Modificado por la disposición final 4.1 de la Ley 1/2014, de 28 de febrero y la disposición final 4.1 del Real Decreto Ley 11/2013, de 2 de agosto, para la protección de los trabajadores a tiempo parcial y otras medidas urgentes en el orden económico y social.

El empresario podrá acompañar toda la documentación que a su derecho convenga y, en particular, deberá aportar:

1.º Las cuentas anuales de los 2 últimos ejercicios económicos completos, integradas por balance de situación, cuentas de pérdidas y ganancias, estado de cambios en el patrimonio neto, estado de flujos de efectivos, memoria del ejercicio e informe de gestión.

2.º En su caso, cuenta de pérdidas y ganancias abreviada y balance y estado de cambios en el patrimonio neto abreviados, debidamente auditadas de ser necesario.

3.º Las cuentas provisionales al inicio del procedimiento, firmadas por los administradores o representantes de la empresa que inicia el procedimiento. En el caso de tratarse de una empresa no sujeta a la obligación de auditoría de las cuentas, se deberá aportar declaración de la representación de la empresa sobre la exención de la auditoría.

Cuando la situación económica negativa alegada consista en la disminución persistente del nivel de ingresos o ventas, el empresario además deberá aportar:

1.º La documentación fiscal o contable acreditativa de la disminución persistente del nivel de ingresos ordinarios o ventas durante, al menos, los 3 trimestres consecutivos inmediatamente anteriores a la fecha de la comunicación de inicio del procedimiento de despido colectivo, así como la documentación fiscal o contable acreditativa de los ingresos ordinarios o ventas registrados en los mismos trimestres del año inmediatamente anterior.

Cuando la situación económica negativa alegada consista en una previsión de pérdidas, el empresario además deberá aportar:

1.º Información de los criterios utilizados para su estimación.

2.º Informe técnico sobre el volumen y el carácter permanente o transitorio de esa previsión de pérdidas basado en datos obtenidos a través de las cuentas anuales, de los datos del sector al que pertenece la empresa, de la evolución del mercado y de la posición de la empresa en el mismo o de cualesquiera otros que puedan acreditar esta previsión.

Cuando la empresa que inicia el procedimiento forme parte de un grupo de empresas, con obligación de formular cuentas consolidadas cuya sociedad dominante tenga su domicilio en España, deberán acompañarse:

1.º Las cuentas anuales e informe de gestión consolidados de la sociedad dominante del grupo debidamente auditadas.

2.º Si no existiera obligación de formular cuentas consolidadas, además de la documentación económica de la empresa que inicia el procedimiento, deberán acompañarse las de las demás empresas del grupo debidamente auditadas, en el caso de empresas obligadas a realizar auditorías, siempre que dichas empresas tengan su domicilio social en España, tengan la misma actividad o pertenezcan al mismo sector de actividad y tengan saldos deudores o acreedores con la empresa que inicia el procedimiento.

Si lo alegado son causas técnicas, organizativas o de producción, se justificará conforme a lo prevenido en el art. 5 RD 1483/ 2012:

o La documentación presentada por el empresario incluirá una memoria explicativa de las causas técnicas, organizativas o de producción que justifican el despido colectivo, que acredite, en la forma señalada en el siguiente apartado, la concurrencia de alguna de las causas señaladas.

o El empresario deberá aportar los informes técnicos que acrediten, en su caso:

- La concurrencia de las causas técnicas, derivadas de los cambios, entre otros, en los medios e instrumentos de producción.

- La concurrencia de las causas organizativas derivadas de los cambios, entre otros, en el ámbito de los sistemas y métodos de trabajo del personal o en el modo de organizar la producción.

- La concurrencia de las causas productivas derivadas de los cambios, entre otros, en la demanda de los productos y servicios que la empresa pretende colocar en el mercado.

B) Documentos que se deben aportar en la modificación sustancial de las condiciones de trabajo de carácter colectivo

Si bien el art. 41 ET no contiene previsión alguna relativa a la documentación que deba aportarse en el periodo de las consultas anterior a la modificación sustancial de condiciones de trabajo, conforme a la jurisprudencia del Tribunal Supremo **deberán aportarse tanto aquellos documentos que acrediten la concurrencia de las causas como los que justifiquen las correspondientes medidas a adoptar y, con carácter general, todos aquéllos que permitan cumplir con la finalidad del periodo de consultas.**

STS de 15 de abril de 2015, rec. núm. 137/13: la aportación de documentación por parte del empresario debe ser completa y precisa.

«Aunque ciertamente no exista previsión legal ni reglamentaria (RD 1483/2012) sobre la documentación a aportar, ésta para que pueda llevarse realmente a efecto la negociación exigible durante el periodo de consultas deberá ser la suficiente para (…) poder acreditar por la empresa los motivos económicos, técnicos, organizativos o de producción que justificarían que la dirección de la empresa pueda acordar modificaciones sustanciales de las condiciones de trabajo. Además, por otra parte, esta Sala tiene declarado que el objetivo de la aportación empresarial de la documentación más completa y precisa sobre los extremos indicados tiende a garantizar que el periodo de consultas pueda cumplir con su finalidad de posibilitar la negociación entre empresa y los representantes de los trabajadores».

STS núm. 670/2018, de 26 de junio: la falta de documentación que transgreda la buena fe en la negociación e impida la consulta supone la nulidad de la decisión empresarial.

«Para cumplir con esa obligación no basta con la aportación por parte de la empresa de una ingente cantidad de documentos de imposible entendimiento, si no están acompañados de una correcta exposición de su contenido que permita garantizar la fiabilidad de los datos en los que se sostienen y conocer adecuadamente su incidencia en la cuestión que es objeto de negociación.

Sin un substrato conveniente para la parte social desde el punto de vista documental o de otras evidencias no cabe decir que nos encontramos ante un verdadero periodo de consultas».

C) Documentos que se deben aportar en las suspensiones de contrato y reducciones de jornada de carácter colectivo

El art. 18 RD 1483/ 2012, relativo a la suspensión del contrato de trabajo y reducción de jornada por causas económicas, técnicas, organizativas o de producción, determina que la documentación justificativa será la estrictamente necesaria para acreditar la concurrencia de la causa y que se trata de una situación coyuntural de la actividad de la empresa. A estos efectos, en el caso de que la causa aducida por la empresa sea de índole económica, la documentación exigible se limitará a la del último ejercicio económico completo, así como a las cuentas provisionales del vigente a la presentación de la solicitud del procedimiento.

Orientativamente se deberá aportar, por tanto:

o Especificación de las causas que motivan la suspensión del contrato o la reducción de jornada.
o Número y clasificación profesional de las personas trabajadoras afectadas por las medidas de suspensión de contratos o reducción de jornada. Cuando el procedimiento afecte a más de un centro de trabajo, esta información deberá estar desglosada por centro de trabajo y, en su caso, provincia y comunidad autónoma.
o Número y clasificación profesional de las personas trabajadoras empleadas habitualmente en el último año.

o Concreción y detalle de las medidas de suspensión de contratos o reducción de jornada y las personas trabajadoras afectadas.
o Criterios tenidos en cuenta para la designación de las personas trabajadoras afectadas por las medidas de suspensión de contratos o reducción de jornada.
o Memoria explicativa de las causas de la suspensión de contratos o reducción de jornada.

D) Documentos que se deben aportar en los traslados de carácter colectivo

Se presentarán aquellos documentos que sirvan de base para justificar la solicitud.

4.5. Periodo de consultas

Debemos recordar que en todo lo no regulado por el TRLC, será de aplicación supletoria la normativa laboral.

Conforme al art. 174 TRLC, una vez recibida la solicitud, **el juez mercantil convocará:**

• Al concursado.
• A la AC.
• A la RLT.

A un período de consultas, cuya duración no será superior a 30 días naturales, o a 15, también naturales, en el supuesto de empresas que cuenten con menos de 50 personas trabajadoras (con independencia de la medida que se instrumente). Sin embargo, la mayoría de la jurisprudencia se decanta por la posibilidad de prolongar dichos periodos, siempre y cuando las partes lo decidan de mutuo acuerdo.

STSJ Castilla y León núm. 182/2013, de 18 de abril: que se prolongue el periodo de consultas no conlleva que la decisión empresarial sea nula.

«En el presente supuesto es cierto que el periodo de consultas duró más de 30 días naturales, pero este hecho por sí solo no presupone que la decisión empresarial de despedir al actor sea declarada nula o improcedente cuando, como además es el caso, la prórroga del mismo para continuar negociando fue a instancia de la RLT (…).

El artículo 124.13 apartado c) de la Ley 36/2011, de 10 de octubre Reguladora de la Jurisdicción Social, prevé como uno de los supuestos de nulidad aparte de los motivos previstos en el art 122.2 de la citada Ley al que remite, el no haberse realizado periodo de consultas o entregado la documentación prevista en el art. 51.2 ET o no se haya respetado el procedimiento del 51.7 del citado texto o cuando no se hubiera obtenido la autorización del juez del concurso; pero no se prevé la nulidad cuando el periodo de consultas excede de 30 días naturales».

En los casos en que la solicitud haya sido formulada por el concursado o por la administración concursal, la comunicación a la RLT del inicio del período de consultas deberá incluir copia de la solicitud y de los documentos que, en su caso, se hubieran acompañado, y por tanto debe de quedar garantizado el derecho de información imprescindible para ejercer la función representativa.

Otras personas participantes

La administración concursal o la RLT podrán solicitar al juez la participación en el período de consultas de otras personas naturales o jurídicas que indiciariamente puedan constituir una unidad de empresa con la concursada (como, por ejemplo, solicitar la participación del representante de la empresa matriz en los casos en los que el empresario deudor pertenezca a un grupo de empresas, para con ello intentar desenmascarar una virtual unidad de empresa a efectos laborales). Es importante recalcar que deberán hacerlo en este momento, de lo contrario la petición se considerará extemporánea.

Durante el período de consultas, el concursado, la administración concursal y la RLT, deberán negociar de buena fe para la consecución de un acuerdo. En caso contrario, el juez del concurso podrá inadmitir la medida solicitada.

A) Contenido de las consultas

En aplicación de la normativa laboral, en los casos de despido colectivo, por ejemplo, se acudirá al art. 51.2 ET que determina que, la consulta con la RLT deberá versar, como mínimo, sobre las posibilidades de evitar o reducir los despidos colectivos y de atenuar sus consecuencias mediante el recurso a medidas sociales de acompañamiento (recolocación o acciones de formación o reciclaje profesional para la mejora de la empleabilidad, entre otras).

En los casos de modificaciones sustanciales se acudirá al art. 41.4 ET. Este establece que el contenido de las consultas versará sobre las causas motivadoras de la decisión empresarial y la posibilidad de evitar o reducir sus efectos, así como las medidas necesarias para atenuar sus consecuencias para las personas trabajadoras afectadas.

En el periodo de consultas, deben tratarse también las posibles pautas a adoptar para atenuar las consecuencias de la medida proyectada, por ejemplo:

o Si estamos ante un despido colectivo, la posibilidad de introducir medidas menos gravosas como las suspensiones temporales o las modificaciones de contrato, o inclusive las previsiones o pautas a seguir para llevar a cabo la medida.
o Si estamos ante un cierre o liquidación empresarial, en el que para llevarlo a cabo se necesita la presencia de ciertos empleados, se debe contemplar qué contratos se preservan durante esa fase de liquidación.

B) Desarrollo de las negociaciones

El ET no establece nada al respecto, salvo la necesidad de negociar de buena fe, por lo que podríamos tomar como referencia lo preceptuado en el art. 7 RD 1483/2012, que, entre otros aspectos, señala que:

- A la apertura del periodo de consultas se debe fijar un calendario de reuniones a celebrar dentro del mismo, si bien las partes podrán acordar modificaciones en el número de reuniones e intervalos entre las mismas.

- Salvo pacto en contrario, la primera reunión del periodo de consultas se celebrará en un plazo no inferior a 3 días desde la fecha de la entrega de la comunicación.

- En empresas de menos de 50 personas trabajadoras, el periodo de consultas tendrá una duración no superior a 15 días naturales. Salvo pacto en contrario, se deberán celebrar durante el mismo, al menos, 2 reuniones, separadas por un intervalo no superior a 6 días naturales, ni inferior a 3 días naturales.

- En empresas de 50 o más personas trabajadoras, el periodo de consultas tendrá una duración no superior a 30 días naturales. Salvo pacto en contrario, se deberán celebrar durante el mismo, al menos, 3 reuniones, separadas por un intervalo no superior a 9 días naturales ni inferior a 4 días naturales.

- De todas las reuniones celebradas en el periodo de consultas se levantará acta, que deberán firmar todos los asistentes.

- No obstante, el periodo de consultas podrá darse por finalizado, en todo caso, cuando las partes alcancen un acuerdo.

La apertura del período de consultas no será necesaria en caso de que la solicitud venga acompañada de acuerdo suscrito por la administración concursal y la RLT (art. 176 TRLC).

Posibilidad de mediación

Junto a ello, si lo solicita la administración concursal o la RLT, el juez podrá acordar la sustitución del período de consultas por el procedimiento de mediación o arbitraje que sea de aplicación en el ámbito de la empresa, que deberá desarrollarse dentro del plazo máximo señalado para dicho período. En estos supuestos, es el juez concursal quien aceptará o no dicha sustitución, debiendo en caso de denegarla, motivar su decisión (art. 176 TRLC).

C) Acuerdo

> Para que el acuerdo sea válido se requiere la conformidad de la mayoría de los representantes legales de las personas trabajadoras o, en su caso, de la mayoría de los miembros de la comisión representativa de las personas trabajadoras siempre que, en ambos casos, representen la mayoría de los empleados/as del centro o centros de trabajo afectados.

Conforme al art. 177 TRLC, en el acuerdo se recogerá:

- **La identidad de las personas trabajadoras afectadas**.

- **Se fijarán las indemnizaciones**, que se ajustarán a lo establecido en la legislación laboral, salvo que, ponderando los intereses afectados por el concurso, se pacten de forma expresa otras superiores.

Es posible acordar indemnizaciones superiores a la establecida legalmente (20 días de salario por año de servicio con un máximo de 12 mensualidades), siempre y cuando el juez determine que tales incrementos no son perjudiciales para el resto de acreedores.

El juez concursal puede decretar una indemnización superior a la legal, aunque el periodo de consultas haya concluido sin acuerdo.

> **Auto de 8 de mayo de 2006, del Juzgado de lo Mercantil núm. 1 de Bilbao: indemnización superior a la legal.**
>
> *«Si hay previsión, expresa, en el art. 64.7 LC, no hay justificación para recurrir a lo señalado por el art. 50.8 ET, si se logra acuerdo, por lo que las partes no han de sujetarse forzosamente a las previsiones de la norma. Así lo ha entendido, incluso en un supuesto en que no había acuerdo, el Auto de 28 de junio de 2005 del Juzgado de lo Mercantil núm. 1 de Valencia.*
>
> *Por último, en cuanto que administración concursal y personas trabajadoras no sólo han alcanzado un acuerdo respecto a la extinción colectiva, sino que han fijado la indemnización en veinte días por año trabajado con tope de diecisiete mensualidades, indicando además la cuantía de la indemnización procedente, no hay razón para esperar a un momento ulterior y puede declararse, con los datos que se consideran probados, la indemnización que corresponde a cada uno».*

No obstante, existe doctrina judicial menor en sentido contrario:

STSJ de Galicia núm. 3815/2011 de 20 de julio: ni el juez de lo mercantil ni los Tribunales Superiores de Justicia pueden aportar soluciones alternativas a los despidos.

«Pues significaría convertir a los jueces en empresarios o en gestores de empresas, para lo que no le habilita la norma, debiendo limitarse, ante la falta de acuerdo existente entre la administración concursal y los representantes de los trabajadores, en el periodo de consultas, a determinar si concurren las causas y analizar la razonabilidad y justificación de las medidas».

Finalizado el plazo del periodo de consultas, o en el momento en que se consiga un acuerdo, **la administración concursal y la RLT comunicarán al juez del concurso el resultado del mismo** (art. 178 TRLC).

Es importante remarcar que, **exista o no acuerdo, es el juez del concurso quien tendrá la decisión final sobre las medidas de ajuste solicitadas**. Ahora bien, lo habitual es la aprobación de las acordadas, salvo en determinados casos en los que se aprecie la existencia de algún vicio en el acuerdo (abuso de derecho, fraude de ley, dolo, coacción, etc.).

Frente a la regulación laboral en situaciones ordinarias es el juez del concurso el que autoriza o no la medida solicitada ante la inexistencia de acuerdo. Todo ello, como consecuencia de la pérdida de las funciones directivas empresariales durante la situación concursal.

4.6. Informe de la autoridad laboral

Una vez que la administración concursal y la RLT han comunicado al juez del concurso el resultado del periodo de consultas, **el LAJ recabará informe de la autoridad laboral sobre las medidas propuestas o el acuerdo alcanzado** (art. 179 TRLC).

El informe de la autoridad laboral deberá ser emitido en el plazo de 15 días, pudiendo esta oír a la administración concursal y a la RLT antes de su emisión.

En los supuestos en los que no exista acuerdo, la autoridad laboral puede pronunciarse con un amplio margen, sobre las medidas contenidas en la solicitud.

En caso de acuerdo, deberá pronunciarse exclusivamente sobre el contenido acordado, ejerciendo un control sobre su legalidad (sin poder alterar lo pactado).

Recibido el informe por el juez del concurso o transcurrido el plazo de emisión, seguirá el curso de las actuaciones. Aunque el informe de la autoridad laboral tiene carácter preceptivo, no tiene carácter vinculante, por lo que **el juez puede prescindir del contenido del mismo para emitir su resolución.**

4.7. Resolución

El juez en un plazo máximo de 5 días resolverá, mediante auto, sobre las medidas propuestas.

*   **Si existe acuerdo, el juez lo aprobará**, salvo que aprecie la existencia de fraude, dolo, coacción o abuso de derecho (o existan incumplimientos de los requisitos básicos de derecho necesario), en cuyo caso determinará lo que proceda conforme a la legislación laboral.

*   **Si no hubiera sido alcanzado un acuerdo**, el juez del concurso dará audiencia a quienes hubieran intervenido en el período de consultas. El LAJ los convocará a una comparecencia en la que podrán formular alegaciones y aportar prueba documental, que podrá ser sustituida por un trámite escrito de alegaciones por 3 días. En todo caso, el juez **tendrá la última decisión sobre las medidas solicitadas.**

4.8. Eficacia de la resolución que acuerda la modificación, reducción temporal de jornada, suspensión o el despido colectivo

En caso de acordarse la medida de ajuste, el auto surtirá efectos constitutivos y podrá ser ejecutado **sin necesidad de ninguna actuación posterior**, desde la fecha en que se dicte. A partir de este momento, se originará la situación legal de desempleo de las personas trabajadoras (art. 183 TRLC).

La regla general es que la fecha a tener en cuenta a los efectos de desempleo será la del auto acordando las medidas.

En consecuencia:

• O se extinguirán los contratos contemplados, en los supuestos de despido colectivo.

• O se suspenderán los contratos o reducirá temporalmente la jornada.

• O se adoptarán las medidas concretas de modificación.

4.9. La suspensión del derecho de rescisión en la modificación sustancial

El TRLC regula específicamente una particularidad que solo afectará a los procedimientos de modificación sustancial de las condiciones de trabajo y a los traslados colectivos.

Conforme previene el art. 41.3 ET, si la persona trabajadora resulta perjudicada por la modificación sustancial tiene derecho a rescindir su contrato y percibir una indemnización de 20 días de salario por año de servicio prorrateándose por meses los periodos inferiores a 1 año y con un máximo de 9 meses.

No obstante, **durante la tramitación del concurso, queda en suspenso el derecho de rescisión del contrato con indemnización que reconoce la legislación laboral a las personas trabajadoras** perjudicadas en el supuesto de acordarse una modificación sustancial de las condiciones de trabajo de carácter colectivo (art. 184.1 TRLC).

La suspensión del derecho a la rescisión del contrato con la indemnización prevista en el ET será también de aplicación cuando se acuerde un traslado colectivo, siempre que el nuevo centro de trabajo se encuentre en la misma provincia que el centro de trabajo de origen y a menos de 60 kilómetros de este, salvo que se acredite que el tiempo mínimo de desplazamiento, de ida y vuelta, supera el 25 % de la duración de la jornada diaria de trabajo. En el resto de casos, el crédito contra la masa devengado por la conclusión del contrato de trabajo se devengará a su respectivo vencimiento y sin comportar su suspensión (art. 184.2 TRLC).

Estas suspensiones no van a poder prolongarse por un período superior a 12 meses, a contar desde la fecha del auto autorizando la modificación o el traslado (art. 184.3 TRLC).

4.10. Esquema resumen procedimiento

Gráfico núm. 33. Fuente: elaboración propia.

4.11. Incidente concursal en materia laboral

Un incidente concursal es un procedimiento especial a través del cual se tramitan todas las cuestiones que se susciten durante el concurso y no tengan señalada en el TRLC otra tramitación.

Así, se resuelven por la vía del incidente concursal, materias tan importantes como:

- La recusación de los administradores concursales.

- Las impugnaciones del inventario y de la lista de acreedores.

- Las acciones relativas al reconocimiento de créditos contra la masa, y las de reclamación de su pago.

- La oposición a la aprobación judicial del convenio.

- La oposición a la solicitud de exoneración del pasivo insatisfecho.

Cualquier persona comparecida en el concurso podrá intervenir en el incidente concursal conforme a lo establecido en la Ley 1/2000, de 7 de enero, de Enjuiciamiento Civil, para la intervención de sujetos originariamente no demandantes ni demandados, sin necesidad de especial pronunciamiento del tribunal, ni audiencia de las partes cuando se trate de aquellas que ostenten previamente la condición de parte en el concurso o se trate de acreedores incluidos en la lista de acreedores.

> El incidente concursal en materia laboral se regula en el art. 541 TRLC. Es un procedimiento específico, en el que exclusivamente se resolverán cuestiones sobre materias de naturaleza laboral, que se tramita en la forma establecida en la Ley 1/2000, de 7 de enero, de Enjuiciamiento Civil, para el juicio verbal con las especialidades establecidas en la norma concursal.

Los incidentes concursales, sean o no de ámbito laboral, no suspenden la tramitación del concurso. Ahora bien, el juez, una vez iniciado un incidente, podrá acordar de oficio o a petición de parte, la suspensión de aquellas actuaciones que estime que pueden verse afectadas por la resolución que se dicte en el procedimiento incidental.

Se resolverán por el trámite del incidente concursal en materia laboral (art. 541 TRLC):

• Las acciones que las personas trabajadoras o el FOGASA ejerciten contra el auto que decida sobre la modificación sustancial de las condiciones de trabajo, el traslado, el despido, la suspensión de contratos y la reducción de jornada por causas económicas, técnicas, organizativas o de producción que, conforme a la ley, tengan carácter colectivo.

• Las acciones de personas trabajadoras que tengan la condición de personal de alta dirección contra la decisión de la administración concursal de extinguir o suspender los contratos suscritos por el concursado con estas.

PUEDEN SER PARTES EN EL INCIDENTE CONCURSAL EN MATERIA LABORAL

• **ACTORES:** las personas trabajadoras, el personal de alta dirección y FOGASA.

• **PARTE DEMANDADA:** aquella contra quien se dirige la demanda.

Gráfico núm. 34. Fuente: elaboración propia.

A) Requisitos de la demanda

El art. 541.2 TRLC señala que la demanda se deberá presentar conforme a lo establecido en la legislación procesal civil.

En cualquier caso, el contenido de la demanda deberá ser el siguiente:

- Datos y circunstancias de identificación del actor y del demandado y el domicilio o residencia en que pueden ser emplazados.

- Exposición de los hechos numerados y separados. Así mismo se aportarán los documentos que sirvan para acreditar los hechos en que se fundamentan las pretensiones.

- Exposición de los fundamentos de derecho numerados y separados.

- De forma separada, se fijará con claridad y precisión lo que se pida.

Los plazos para su interposición son los siguientes:

➤ **Las personas trabajadoras** deberán presentar la demanda en el plazo de 1 mes desde que conocieron o pudieron conocer la resolución judicial.

Es importante tener en cuenta que la normativa concursal no contempla expresamente la obligación de notificar o dar traslado a las personas trabajadoras del auto adoptado por el juez del concurso. Será la administración concursal quien tenga que notificar la medida concreta acordada por el juez.

➤ **FOGASA** cuenta con un plazo de 1 mes desde que se le notifique la resolución.

➤ **El personal de alta dirección** tiene 1 mes desde que la administración concursal le notifique la decisión adoptada.

Sentencia núm. 47/2023, de 4 de abril, del Juzgado de lo Mercantil núm. 3 de Vigo: el plazo fijado en el art. 541 TRLC, para el ejercicio de la acción es un plazo de caducidad y sustantivo, por lo tanto, su cómputo es civil.

«(...) la institución de la caducidad opera, en principio, en el ámbito propio del Derecho material o sustantivo, y no en el del Derecho procesal, en cuyo cómputo no se excluyen los días inhábiles, a diferencia de los plazos propios del proceso, tal como establece el art. 5 del Código Civil».

B) Admisión de la demanda

En el caso de que la demanda contuviera defectos, omisiones o imprecisiones, el LAJ lo advertirá al demandante o demandantes a fin de que lo subsanen en el plazo de 4 días, con el apercibimiento de que, de no subsanarse, procederá su archivo.

En ningún caso, podrá inadmitirse la demanda por estimar que la cuestión planteada fuera intrascendente o careciera de la entidad necesaria para tramitarse por vía incidental.

Admitida la demanda, el LAJ señalará dentro de los 10 días siguientes el día y hora en que habrá de tener lugar el acto del juicio, citando a los demandados con entrega de copia de la demanda y demás documentos, debiendo mediar en todo caso un mínimo de 4 días entre la citación y la efectiva celebración del juicio.

C) Esquema del procedimiento

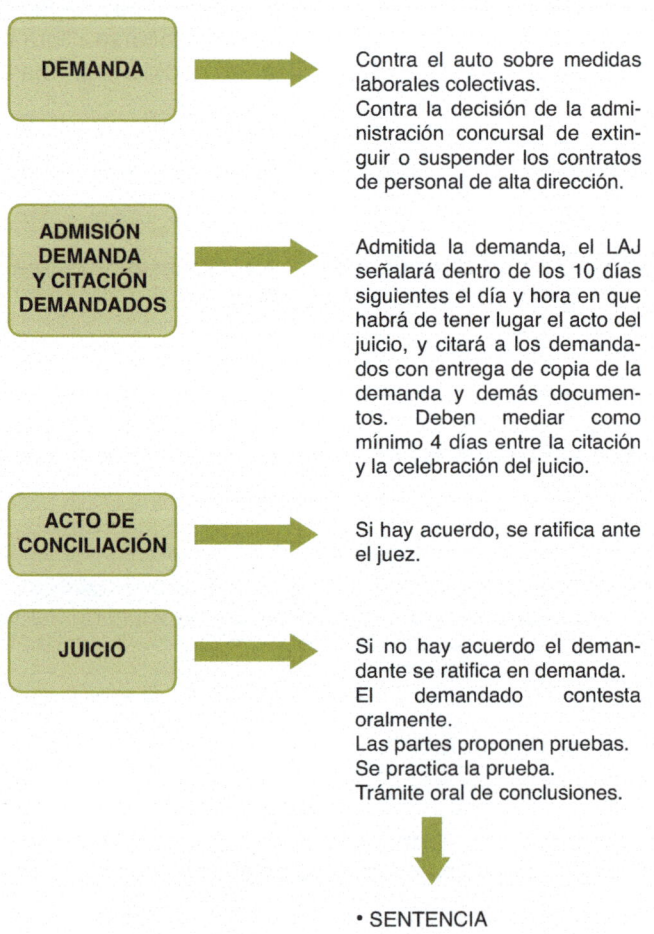

DEMANDA

Contra el auto sobre medidas laborales colectivas.
Contra la decisión de la administración concursal de extinguir o suspender los contratos de personal de alta dirección.

ADMISIÓN DEMANDA Y CITACIÓN DEMANDADOS

Admitida la demanda, el LAJ señalará dentro de los 10 días siguientes el día y hora en que habrá de tener lugar el acto del juicio, y citará a los demandados con entrega de copia de la demanda y demás documentos. Deben mediar como mínimo 4 días entre la citación y la celebración del juicio.

ACTO DE CONCILIACIÓN

Si hay acuerdo, se ratifica ante el juez.

JUICIO

Si no hay acuerdo el demandante se ratifica en demanda.
El demandado contesta oralmente.
Las partes proponen pruebas.
Se practica la prueba.
Trámite oral de conclusiones.

• SENTENCIA

Gráfico núm. 35. Fuente: elaboración propia.

Auto núm. 100/2023, de 8 de marzo, del Juzgado de lo Mercantil núm. 3 de Barcelona: acuerdo entre la RLT y la AC en expediente extinción colectiva.

«En el presente expediente, se solicitó la extinción colectiva de los contratos de trabajo en los que es empleadora la mercantil concursada. Concretamente, se solicitó autorización para la extinción de los contratos de trabajo de 15 trabajadores que conforman la totalidad de la plantilla de la empresa, que alegó causas económicas y de producción.

En el presente supuesto, las partes del proceso han aportado un Acuerdo. En el mismo se pacta la extinción colectiva, así como una indemnización por despido colectivo. El Juez del concurso debe valorar los hechos probados en el expediente, con arreglo a los artículos concordantes del Estatuto de los Trabajadores, teniendo en cuenta, además, como señala el artículo 86 ter de la Ley Orgánica del Poder Judicial, los principios inspiradores de la ordenación normativa estatutaria y del proceso laboral. Ese conjunto normativo es el que determina cuándo, por qué motivos y en qué condiciones procede la extinción colectiva en las relaciones laborales, función que, en el caso del concurso, el art. 181 TRLC atribuye al propio Juez Mercantil salvo fraude, dolo, coacción o abuso de derecho (…).»

La sentencia que recaiga en el incidente concursal en materia laboral se regirá en **materia de costas** por lo dispuesto en la Ley 36/2011, de 10 de octubre, reguladora de la jurisdicción social.

4.12. El recurso de suplicación

El art. 551 TRLC determina que contra el auto que decida sobre la modificación sustancial de las condiciones de trabajo, el traslado, el despido, la suspensión de contratos o la reducción de jornada, por causas económicas, técnicas, organizativas o de producción que, conforme a la ley, tengan carácter colectivo y contra la sentencia que resuelva incidentes concursales relativos a acciones sociales cuyo conocimiento corresponda al juez del concurso, cabrá recurso de suplicación y los demás recursos previstos en la Ley reguladora de la jurisdicción social, que se tramitarán y resolverán ante los órganos jurisdiccionales del orden social, sin que ninguno de ellos tenga efectos suspensivos sobre la tramitación del concurso ni de ninguno de sus incidentes, secciones o piezas separadas.

Están legitimados para recurrir: la AC, el concursado, las personas tra-bajadoras a través de sus representantes y el FOGASA, así como, en caso de declaración de la existencia de grupo laboral de empresas, aquellas entidades que lo integren, siempre a través de abogado o graduado social.

En cuestiones de carácter laboral, el juzgado competente para conocer del recurso de suplicación será la Sala de lo Social de los tribunales superiores de justicia, esta Sala se pronunciará sobre los recursos de suplicación que se interpongan contra los autos y sentencias que se dicten por los juzgados de lo mercantil en el proceso concursal.

La tramitación del recurso se llevará a cabo a través de los arts. 190 y ss. LRJS:

1.- Anuncio del recurso: se presentará ante el juzgado mercantil que dictó la resolución impugnada. Se debe realizar dentro de los 5 días siguientes a la notificación de la sentencia. En el escrito de interposición del recurso, junto con las alegaciones sobre su procedencia y sobre el cumplimiento de los requisitos exigidos, se expresarán, con suficiente precisión y claridad, el motivo o los motivos en que se ampare, citándose las normas del ordenamiento jurídico o la jurisprudencia que se consideren infringidas. En todo caso, se razonará la pertinencia y fundamentación de los motivos. El objeto del recurso podrá ser:

- Reponer los autos al estado en el que se encontraban en el momento de cometerse una infracción de normas o garantías del procedimiento que haya producido indefensión.
- Revisar los hechos declarados probados, a la vista de las pruebas documentales y periciales practicadas.
- Examinar las infracciones de normas sustantivas o de la jurisprudencia.

2.- Interposición del recurso: en el caso de que la resolución sea recurrible en suplicación y se haya anunciado el recurso en tiempo y forma, se tendrá por anunciado el recurso. El LAJ pondrá los autos a disposición del abogado o graduado social colegiado designado por la parte recurrente dentro de los 10 días siguientes a la notificación de puesta a disposición. El traslado de las actuaciones podrá realizarse telemáticamente o a través de soporte material.

3.- Impugnación del recurso: interpuesto el recurso en tiempo y forma, el LAJ proveerá en el plazo de 2 días dando traslado del mismo a la parte o partes recurridas por un plazo común de 5 días hábiles para su impugnación, pudiendo éstas alegar motivos de inadmisibilidad del recurso, así como eventuales rectificaciones de hecho o causas de oposición subsidiarias, aunque no hubieran sido estimadas en la sentencia.

4.- Elevación de los autos: transcurrido el plazo de impugnación y en su caso el de alegaciones, se elevarán los autos a la Sala de lo Social del Tribunal Superior de Justicia, junto con el recurso y escritos presentados, dentro de los 2 días siguientes.

5.- Sentencia: previo señalamiento para deliberación, votación y fallo, la Sala dictará sentencia dentro del plazo de 10 días, que se notificará a las partes y a la Fiscalía de la comunidad autónoma, resolviendo sobre la estimación o desestimación del recurso, así como, en su caso, sobre las cuestiones suscitadas en impugnación.

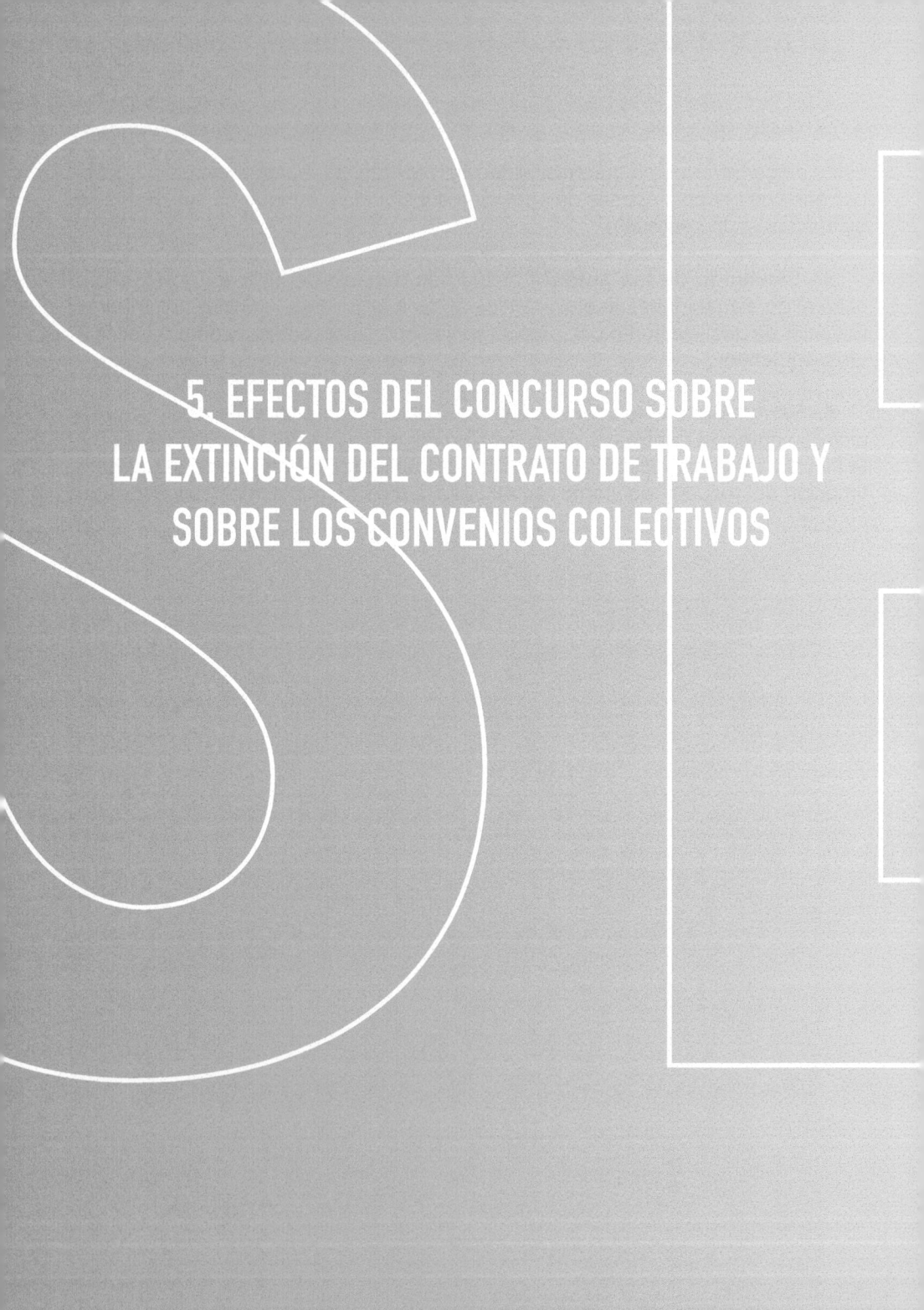

5. EFECTOS DEL CONCURSO SOBRE LA EXTINCIÓN DEL CONTRATO DE TRABAJO Y SOBRE LOS CONVENIOS COLECTIVOS

5. EFECTOS DEL CONCURSO SOBRE LA EXTINCIÓN DEL CONTRATO DE TRABAJO Y SOBRE LOS CONVENIOS COLECTIVOS

5.1. Efectos de la extinción sobre los contratos de trabajo singulares

De conformidad con el principio general que proclama el art. 156 TRLC, los contratos de trabajo individuales no se ven afectados por la declaración de concurso de modo distinto a cualquier otro con obligaciones recíprocas pendientes al tiempo de su declaración.

La declaración de concurso de una empresa no afecta a las posibilidades de extinción unilateral del contrato:

- A solicitud de la persona trabajadora (art. 50 ET), regulado en el art. 185 TRLC.
- Derivada de una modificación sustancial o de movilidad geográfica (arts. 40 y 41 ET).
- Por despido o desistimiento empresarial.
- Resto de causas de extinción de los contratos de trabajo previstas en el art. 49 ET (mutuo acuerdo entre las partes, llegada del término pactado o el cumplimiento de la condición resolutoria, muerte, jubilación, incapacidad, etc.)

En estos casos, será competente el juzgado de lo social que corresponda[20]. No obstante, hay ciertos supuestos de extinción de los contratos de trabajo a instancias de la persona trabajadora que quedan afectados por la legislación concursal, para no perjudicar el desarrollo del concurso y el equilibrio de todos los posibles acreedores de la empresa.

---

[20] Las demandas por despido basado en causas distintas a la falta de pago del salario o a las dificultades económicas son siempre competencia del orden social, ya que el juez de lo mercantil no puede atraer la competencia sobre los procesos por despido iniciados en el orden social, salvo que reclame dicha competencia por considerar que la resolución de dichos litigios tiene trascendencia sustancial para la formación del inventario o de la lista de acreedores.

Cuando se acuerde la iniciación de un expediente de extinción colectiva de los contratos de trabajo al amparo del TRLC, las acciones resolutorias individuales interpuestas en base al art. 50 ET motivadas por la situación económica o de insolvencia del concursado tendrán la consideración de extinciones de carácter colectivo. Se pretende con ello impedir que se soliciten extinciones amparadas en el art. 50 ET desde que se comience la tramitación del despido colectivo en el seno del concurso (es decir, cuando el juez admite a trámite la solicitud).

> La acción resolutoria individual en el seno del concurso queda supedita a la decisión sobre el despido colectivo.

En el supuesto de que el auto que acuerde el despido colectivo produzca efectos de cosa juzgada sobre los procesos individuales suspendidos, se archivarán sin más trámites. No obstante, si el auto es desestimatorio, el juzgado de lo social alzará la suspensión y deberá continuar la tramitación del procedimiento.

> Si la persona trabajadora que había visto paralizado el proceso social, finalmente no queda afectada por el despido colectivo, se reanudará la tramitación del proceso iniciado ante la jurisdicción social.

STS núm. 599/2018, de 6 de junio: la competencia exclusiva del juez mercantil desaparece cuando se trata de una reclamación laboral dirigida frente a quienes no son sujetos concursados.

La excepcionalidad de la atribución competencial en favor del juez del concurso juega en favor de la jurisdicción social cuando no aparece una norma explícita que le asigne el conocimiento de determinado asunto.

El Tribunal Supremo considera que la competencia para conocer de la reclamación de las personas trabajadoras despedidas en el seno de un proceso concursal que reclaman la parte no satisfecha de sus indemnizaciones tanto frente a la sociedad concursada, como frente a otra empresa y sus administradores sociales, corresponde a la jurisdicción social.

5.2. Extinción y suspensión de los contratos del personal de alta dirección por decisión de la administración concursal o por decisión del alto directivo

Los contratos de trabajo de alta dirección siguen la regla general de la legislación concursal acerca de su mantenimiento pese a la declaración de concurso. No obstante, puede darse la suspensión o extinción por decisión de la administración concursal, de oficio o a instancia de la empresa deudora. Tal decisión de la administración concursal, podrá ser impugnada ante el juez del concurso a través del incidente concursal en materia laboral, y la sentencia será recurrible en suplicación.

El TRLC permite suspender o extinguir los contratos de alta dirección individualmente, sin más razón que así lo decida la administración concursal (sin alegar causa alguna), disponiendo la norma (arts. 186 y ss. TRLC):

- Durante la tramitación del concurso, la AC, por propia iniciativa o a instancia del concursado, podrá extinguir o suspender los contratos de este con el personal de alta dirección.
- En caso de extinción del contrato de trabajo, el juez del concurso podrá moderar la indemnización que corresponda al alto directivo, quedando sin efecto en ese caso la que se hubiera pactado en el contrato, con el límite de la indemnización establecida en la legislación laboral para el despido colectivo (20 días de salario por año de servicio). La administración concursal podrá solicitar del juez que el pago del crédito relativo a la indemnización que corresponda al alto directivo se aplace hasta que sea firme la sentencia de calificación. Estos supuestos están contemplados para la posible responsabilidad que pueda tener el alto directivo como sujeto culpable de la situación de insolvencia de la empresa. De este modo, tras la finalización del incidente concursal, si se considera que el directivo no es culpable de la situación de insolvencia empresarial, se le abonará la indemnización fijada.

Además de por decisión de la AC, el art. 10.3 del Real Decreto 1382/1985, establece que el alto directivo podrá extinguir el contrato especial de trabajo con derecho a las indemnizaciones pactadas, por las siguientes causas:

- Modificaciones sustanciales en las condiciones de trabajo que redunden notoriamente en perjuicio de su formación profesional, en menoscabo de su dignidad, o sean decididas con grave transgresión de la buena fe, por parte del empresario.

- Falta de pago o retraso continuado en el abono del salario pactado.
- Cualquier otro incumplimiento grave de sus obligaciones contractuales, por parte del empresario, salvo los presupuestos de fuerza mayor, en los que no procederá el abono de las indemnizaciones.
- Por sucesión de empresa o cambio importante en la titularidad de la misma, que tenga por efecto una renovación de sus órganos rectores o en el contenido y planteamiento de su actividad principal, siempre que la extinción se produzca dentro de los 3 meses siguientes a la producción de tales cambios.

Sin embargo, el TRLC sólo contempla la posibilidad de extinguir el contrato en los casos de suspensión (y no por otras causas), por voluntad del alto directivo, con preaviso de 1 mes, conservando el derecho a la indemnización en los mismos términos que lo establecido en los supuestos de extinción y suspensión de los contratos del personal de alta dirección por decisión de la administración concursal (indemnización que recibirá la calificación de crédito contra la masa).

En caso de extinción, el juez del concurso podrá moderar la indemnización ordinariamente establecida, quedando sin efecto lo que se hubiera pactado por las partes a ese respecto, pero con el límite mínimo de la indemnización legalmente prevista para el despido colectivo (20 días de salario por año de servicio) y la administración concursal puede solicitar al juez el aplazamiento de este crédito hasta que sea firme la sentencia de calificación (arts. 186 y 188 TRLC).

STSJ Navarra, de 22 de abril de 2016: moderación de la indemnización del alto directivo.

El juez puede modular la indemnización para evitar las consecuencias económicas negativas que el abono del blindaje supone en el marco de una empresa en concurso, así como la necesidad de equilibrar los derechos de los acreedores laborales en el marco de una situación concursal, por ello y pese a referirse expresamente la ley al personal de alta dirección, puede ser también aplicable a contratos de trabajo ordinarios en los que se hayan pactado cláusulas de blindaje.

5.3. Efectos sobre los convenios colectivos

El art. 189 TRLC, establece que la modificación de los convenios colectivos aplicables sólo puede afectar a materias sobre las que sea admisible negociar conforme a la legislación laboral. El precepto añade que, para ello, se requerirá el acuerdo de los representantes legales de las personas trabajadoras. Dado que la norma no concreta más extremos en este punto, la doctrina entiende que será preciso remitirse a lo dispuesto en el art. 87 ET, que da preferencia en la negociación a las secciones sindicales que cuentan con una mayoría en el comité de empresa, o a éste, delegados de personal, comité intercentros o comisiones *ad hoc*[21].

A su vez, también será de aplicación el art. 82.3 ET, por lo que cabe el descuelgue o inaplicación del convenio colectivo y la modificación de las materias que regula tal disposición (jornada de trabajo, sistemas de remuneración y cuantía salarial, horario y distribución del tiempo de trabajo, entre otras).

La legitimación para iniciar el proceso, durante el concurso de acreedores, corresponde a la RLT o la empresa concursada, en caso de que la empresa tenga suspendidas las facultades de administración y disposición, será la administración concursal. A tal efecto, se abrirá un periodo de consultas de 15 días conforme a lo establecido en el art. 41.1 ET.

En el marco del periodo de consultas será necesario constatar si concurren causas económicas, organizativas, técnicas o de producción que justifiquen el descuelgue del convenio o su modificación.

Como dispone el art. 82.3 ET, si se produce el acuerdo, se deberán indicar las nuevas condiciones de trabajo; en caso contrario, podrá acudirse a las comisiones mediadoras previstas en el convenio o a la Comisión Consultiva Nacional de Convenios Colectivos[22].

En cuanto a las facultades del juez del concurso, si bien no está habilitado para introducir modificaciones en el convenio colectivo, sí podrá apreciar fraude, dolo, coacción, abuso de derecho o contradicción.

---

[21] Comentarios Prácticos. Documento 2022/151. Concursal: *Los efectos sobre los contratos de trabajo y sobre los convenios colectivos*. Aranzadi Instituciones. Consulta: 17 de junio de 2024. Recuperado de: https://insignis.aranzadidigital.es/.
[22] *Ibid.*

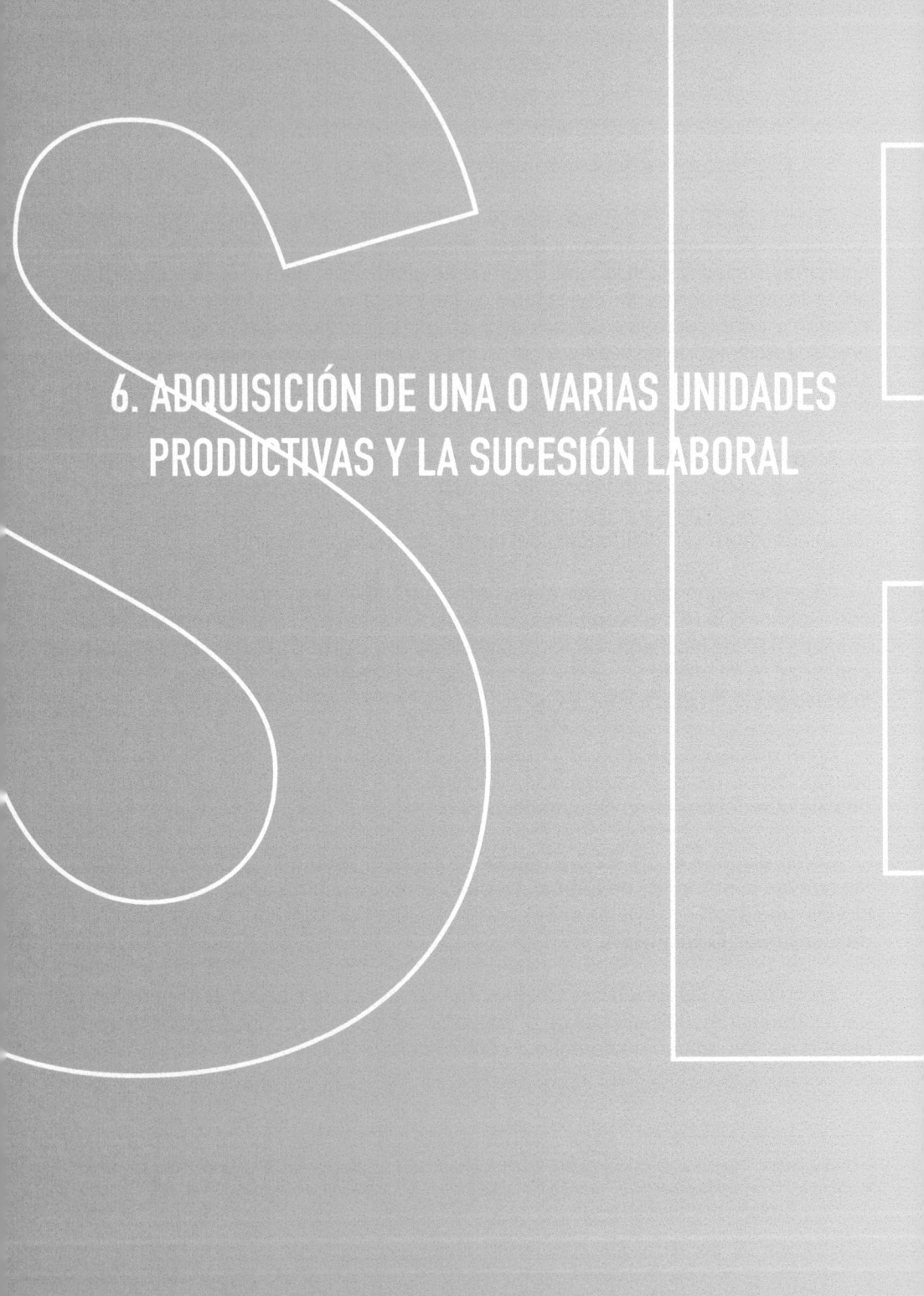

6. ADQUISICIÓN DE UNA O VARIAS UNIDADES PRODUCTIVAS Y LA SUCESIÓN LABORAL

6. ADQUISICIÓN DE UNA O VARIAS UNIDADES PRODUCTIVAS Y LA SUCESIÓN LABORAL

6.1. Adquisición de una o varias unidades productivas durante el procedimiento concursal

Se considera unidad productiva el conjunto de medios organizados para el ejercicio de una actividad económica esencial o accesoria (art. 200.2 TRLC).

Los Juzgados de lo Mercantil tienen atribuida la competencia para declarar la sucesión de empresa, así como la atribución de competencia para la delimitación de los activos, pasivos y relaciones laborales que la componen. Junto a ello, tienen la facultad (ya sea de oficio o a instancia de parte), de requerir a la Inspección de Trabajo y Seguridad Social para que emita informe relativo a las relaciones laborales que van a ser afectadas por la enajenación de la unidad productiva y las posibles deudas de Seguridad Social que alcancen a las personas trabajadoras en cuyos contratos se subrogue la adjudicataria de la unidad productiva (art. 221 TRLC).

La competencia del juez del concurso será exclusiva y excluyente en la declaración de la existencia de sucesión de empresa a efectos laborales y de Seguridad Social en los casos de transmisión de unidad o de unidades productivas y la determinación de los límites de esa declaración conforme a lo dispuesto en la legislación laboral y de Seguridad Social (art. 86 ter 2. 4.ª LOPJ).

En el preconcurso, el plan de reestructuración puede afectar no solo al pasivo, sino también al activo y a los fondos propios del deudor, por lo que puede contemplar la venta de la totalidad o de parte de una unidad productiva en funcionamiento[23]. El deudor, podrá solicitar un experto conforme a los requisitos establecidos en el art. 224 quater TRLC.

En el concurso, la norma contempla dos mecanismos de enajenación:

1.- Mecanismo ordinario: hasta la aprobación del convenio o hasta la apertura de la fase de liquidación, la enajenación del conjunto de una empresa o de una o varias unidades productivas se hará mediante subasta electrónica[24], salvo que el juez autorice otro modo de realización (art. 215 TRLC).

2.- Mecanismo extraordinario: enajenación directa o a través de persona o entidad especializada. En cualquier estado del concurso, o cuando la subasta quede desierta, el juez, mediante auto, podrá autorizar la enajenación directa del conjunto de la empresa o de una o varias unidades productivas o la enajenación a través de persona o de entidad especializada (art. 216 TRLC).

> Cuando la transmisión se realice durante la fase común, debe tenerse en cuenta que, hasta la aprobación del convenio o hasta la apertura de la fase de liquidación, los bienes y derechos que integran la masa activa no se podrán enajenar o gravar sin autorización del juez (art. 205 TRLC).

En caso de enajenación del conjunto de la empresa o de una o varias unidades productivas, la AC, deberá determinar el plazo para la presentación de las ofertas y especificar, antes de la iniciación de ese plazo, los gastos realizados

---

[23] TALÉNS VISCANTI, E.: «Aspectos laborales de la Ley 16/2022 de 5 de septiembre de reforma del TRLC». *Revista de Derecho del Trabajo,* vol. 2, núm. I, 2023. Habrá que esperar el desarrollo jurisprudencial en esta materia, pero en principio, al no existir una remisión legislativa en el contexto preconcursal a los arts. 221 y ss. TRLC, relativos a la sucesión de empresa en el concurso, teniendo en cuenta que no se está ante una situación de insolvencia actual, aunque la competencia para declarar la existencia de sucesión de empresa a efectos laborales y de Seguridad Social en los casos de transmisión de unidad o de unidades productivas corresponde a los jueces de lo mercantil, sostenemos que éstos deberán determinar los límites de esa declaración conforme a lo dispuesto en la legislación laboral y de Seguridad Social. Es decir, deberán aplicar lo dispuesto por el art. 44 ET y la jurisprudencia laboral dictada sobre la materia.

[24] Conforme al procedimiento contemplado en la Ley 19/2015, de 13 de julio, de medidas de reforma administrativa en el ámbito de la Administración de Justicia y del Registro Civil.

con cargo a la masa activa para la conservación en funcionamiento de la actividad del conjunto de la empresa o de la unidad o unidades productivas objeto de enajenación, así como los previsibles hasta la adjudicación definitiva (art. 217 TRLC).

Contenido de las ofertas (art. 218 TRLC):

Cualquiera que sea el sistema de enajenación, las ofertas deberán tener, al menos, el siguiente contenido:

1.º La identificación del oferente y la información sobre su solvencia económica y sobre los medios humanos y técnicos a su disposición.

2.º La determinación precisa de los bienes, derechos, contratos y licencias o autorizaciones incluidos en la oferta.

3.º El precio ofrecido, las modalidades de pago y las garantías aportadas. En caso de que se transmitiesen bienes o derechos afectos a créditos con privilegio especial, deberá distinguirse en la oferta entre el precio que se ofrecería con subsistencia o sin subsistencia de las garantías.

4.º La incidencia de la oferta sobre las personas trabajadoras

Audiencia de los representantes de las personas trabajadoras (art. 220 TRLC):

Las resoluciones que el juez adopte en relación con la enajenación de la empresa o de una o varias unidades productivas deberán ser dictadas previa audiencia, por plazo de 15 días.

En el caso de que las operaciones de enajenación implicaran la modificación sustancial de las condiciones de trabajo, el traslado, el despido, la suspensión de contrato o la reducción de jornada de carácter colectivo, se estará a lo dispuesto en el TRLC en materia de contratos de trabajo.

En caso de subasta, el juez, mediante auto, podrá acordar la adjudicación al oferente cuya oferta no difiera en más del 15 % de la oferta superior cuando considere que garantiza en mayor medida la continuidad de la empresa en su conjunto o, en su caso, de la unidad productiva y de los puestos de trabajo, así como la mejor y más rápida satisfacción de los créditos de los acreedores.

> Esta regla de preferencia se aplicará también a las ofertas de personas trabajadoras interesadas en la sucesión de la empresa mediante la constitución de sociedad cooperativa o laboral.

En caso de transmisión de una o varias unidades productivas, **el adquirente quedará subrogado en los contratos afectos a la continuidad de la actividad profesional o empresarial** que se desarrolle en la unidad o unidades productivas objeto de transmisión, sin necesidad de consentimiento de la otra parte.

Cuando el adquirente continuase la actividad en las mismas instalaciones, también quedará subrogado en las licencias o autorizaciones administrativas afectas a la continuidad de la actividad empresarial o profesional que formen parte de la unidad productiva.

Resumen:

Venta de una o varias unidades productivas en la fase común.	• Se podrá realizar solo si es indispensable para la viabilidad empresarial. • La enajenación requiere la autorización del juez. • Se dará audiencia previa a la RLT.
Venta de una o varias unidades productivas en la fase de convenio	• La propuesta de convenio podrá consistir en la adquisición de una o varias unidades productivas. • Se realizará mediante subasta electrónica y extraordinariamente vía enajenación directa. • Se dará audiencia previa a la RLT.
Venta de una o varias unidades productivas en la fase de liquidación.	• A través de la presentación de solicitud de concurso con oferta de adquisición de una o varias unidades productivas. • A través del pre-pack.

Gráfico núm. 36. Fuente: elaboración propia.

6.2. Solicitud de concurso con presentación de oferta de adquisición de una o varias unidades productivas

El deudor puede presentar, junto con la solicitud de declaración de concurso, una propuesta escrita vinculante de acreedor o de tercero para la adquisición de una o varias unidades productivas.

En la propuesta, el acreedor o el tercero tienen que asumir la obligación de **continuar o de reiniciar la actividad** con la unidad o unidades productivas a las que se refiera **por un mínimo de 3 años.** En caso de incumplimiento, cualquier afectado puede reclamar al adquirente la indemnización de los daños y perjuicios causados.

Esquema del procedimiento (art. 224 bis TRLC):

Solicitud

- El deudor presenta, junto con la solicitud de declaración de concurso, una propuesta escrita vinculante de acreedor o de tercero para la adquisición de una o varias unidades productivas.

Auto

- En el auto de declaración de concurso, el juez concederá un **plazo de 15 días** para que los **acreedores que se personen puedan formular a la propuesta** las observaciones que tengan por conveniente y para que cualquier interesado pueda presentar propuesta vinculante alternativa. En el mismo auto, el juez requerirá a la administración concursal para que, dentro de ese plazo, emita informe de evaluación de la presentada.
- **La propuesta escrita vinculante de adquisición podrá ser realizada por personas trabajadoras interesadas en la sucesión de la empresa mediante la constitución de sociedad cooperativa, laboral o participada.**

Varias propuestas

- Si se presentasen una o varias propuestas alternativas de adquisición, el juez requerirá a la administración concursal para que, en el plazo de 5 días, emita informe de evaluación, atendiendo al interés del concurso, e informará sobre los efectos que pudiera tener en las masas activa y pasiva la resolución de los contratos que resultare de cada una de las propuestas.
- Si se hubieran presentado varias propuestas, concederá un plazo simultáneo de 3 días a los oferentes para que, si lo desean, mejoren las que cada uno de ellos hubiera presentado. Dentro de los 3 días siguientes al término de ese plazo, el juez procederá a la aprobación de la que resulte más ventajosa para el interés del concurso.

Gráfico núm. 37. Fuente: elaboración propia.

La oferta de adquisición de una o varias unidades productivas se publicará en el portal de liquidaciones concursales del Registro Público Concursal el mismo día que se publique la declaración de concurso en la sección primera de dicho Registro.

7. BREVE REFERENCIA A LA SEGUNDA OPORTUNIDAD O EXONERACIÓN DEL PASIVO INSATISFECHO DEL DEUDOR PERSONA NATURAL EMPLEADOR: ASPECTOS LABORALES

7. BREVE REFERENCIA A LA SEGUNDA OPORTUNIDAD O EXONERACIÓN DEL PASIVO INSATISFECHO DEL DEUDOR PERSONA NATURAL EMPLEADOR: ASPECTOS LABORALES

7.1. Aspectos laborales

En cuanto a la extensión de la exoneración, la regla general es que se extienda a la totalidad de las deudas insatisfechas, tanto a los créditos devengados contra la masa como a los concursales (art. 489 TRLC). Sin embargo, existen excepciones, créditos que por su especial naturaleza no pueden quedar exonerados. En efecto, el deudor sigue estando obligado a su abono o satisfacción con cargo a sus bienes y derechos. Dentro de estos, podemos encontrar algunos créditos de índole laboral, de entre los que nos interesan:

➢ Las deudas por responsabilidad civil extracontractual, por muerte o daños personales, **así como por indemnizaciones derivadas de accidente de trabajo y enfermedad profesional, cualquiera que sea la fecha de la resolución que los declare** (el precepto no distingue sobre si el crédito debe de estar o no asegurado, distinción que sí se realiza, como hemos visto, en el art. 242 TRLC a la hora de determinar su calificación como concursal o contra la masa). Por tanto, con independencia de que la indemnización sea abonada por el empleador o por la entidad aseguradora, esta no es exonerable.

➢ **Las deudas por salarios correspondientes a los últimos 60 días de trabajo efectivo realizado antes de la declaración de concurso en cuantía que no supere el triple del salario mínimo interprofesional, así como los que se hubieran devengado durante el procedimiento, siempre que su pago no hubiera sido asumido por el FOGASA** (por lo tanto, si FOGASA se ha hecho cargo de toda la deuda salarial, el crédito sí que se exonerará). La cuantía que supere el triple del salario mínimo interprofesional, sí queda exonerada[25].

En relación con los salarios devengados durante el procedimiento, estaríamos ante créditos contra la masa, no sujetos ni a limitación de días, ni a importes máximos.

> Las deudas salariales incluyen las indemnizaciones, los intereses por mora, y cualquier otra deuda de carácter extrasalarial como, por ejemplo, los salarios de tramitación.
>
> Por tanto, estas deudas sí estarían incluidas en el régimen general de exoneración, y las personas trabajadoras no podrán ejercer ningún tipo de acción frente al deudor para su cobro, salvo la de solicitar la revocación de la exoneración (art. 490 TRLC).

Con todo, los trabajadores/as podrían recibir todo o parte del importe de la deuda si solicitan la prestación de FOGASA y reúnen los requisitos pertinentes. Parte de la doctrina[26] entiende que, ante el supuesto de que el FOGASA sólo haya abonado una parte de la prestación salarial, esta cuantía quedará exonerada, y lo que reste por abonar deberá ser asumido por el empresario.

Con respecto a la exoneración de las deudas de derecho público, la actual regulación establece que solo las deudas para cuya gestión recaudatoria resulte competente la Agencia Estatal de la Administración Tributaria podrán exonerarse hasta el importe máximo de 10 mil euros por deudor; la exoneración es íntegra para los primeros 5 mil euros, y a partir de esta cifra la exoneración alcanzará el 50 % de la deuda hasta el máximo indicado. Asimismo, las deudas por créditos en Seguridad Social podrán exonerarse por el mismo importe y en las mismas condiciones. Además, se establece que el crédito público solo será exonerable en estas cuantías únicamente en la primera exoneración del pasivo insatisfecho.

---

[25] TÁLENS VISCONTI, E. E. "Aspectos laborales de la Ley 16/2022, de 5 de septiembre…", *op. cit.*, págs. 62-66.
[26] *Ibid.*

Sentencia núm. 23/2024, de 18 de marzo, del Juzgado de lo Mercantil núm. 3 de Bilbao: exoneración del crédito público.

«*El art.489.1.5.ª del TRLC establece que: "la exoneración del pasivo insatisfecho se extenderá a la totalidad de las deudas insatisfechas, salvo las siguientes:*

5.º Las deudas por créditos de Derecho público. No obstante, las deudas para cuya gestión recaudatoria resulte competente la Agencia Estatal de la Administración Tributaria, podrá exonerarse hasta el importe máximo de diez mil euros por deudor; para los primeros cinco mil euros de deuda, la exoneración será íntegra, y a partir de esa cifra la exoneración alcanzará el cincuenta por ciento de la deuda hasta el máximo indicado".

Consta en las actuaciones la existencia de una deuda con la Diputación Foral de Bizkaia por importe de 38.135,90 euros, este importe podrá exonerarse hasta el importe máximo de diez mil euros por deudor; para los primeros cinco mil euros de deuda, la exoneración será íntegra, y a partir de esa cifra la exoneración alcanzará el cincuenta por ciento de la deuda hasta el máximo indicado».

BIBLIOGRAFÍA

BIBLIOGRAFÍA

- CAMPUZANO, A. B.: «Los estados de insolvencia», *Anuario de Derecho Concursal,* núm. 58/2023. Editorial Civitas.
- Comentarios Prácticos. Documento 2022/151. Concursal: Los efectos sobre los contratos de trabajo y sobre los convenios colectivos. Aranzadi Instituciones.
- MONEREO PÉREZ, J. L., RODRÍGUEZ ESCANCIANO, S. y RODRÍGUEZ INIESTA, G.: «Aproximación al contenido laboral de la Ley 16/2022, de 5 de septiembre, de reforma del texto refundido de la Ley concursal: apostando por la lógica "preventiva", "reestructuradora" y "conservativa" de la empresa y del empleo», *Revista Crítica de Relaciones de Trabajo.* Laborum, núm. 5, 2022.
- PÉREZ CAPITÁN, L.: *El despido colectivo y las medidas de suspensión y reducción temporal de jornada,* Aranzadi Thomson Reuters, Segunda edición.
- SEGOVIA-VARGAS, M. J. y CAMACHO-MIÑANO, M.: «¿Qué indicadores económico-financieros podrían condicionar la decisión del experto independiente sobre la supervivencia de una empresa en su fase preconcursal? Evidencia empírica en España». *Cuadernos Contabilidad,* 2012.
- TÁLENS VISCONTI, E.: «Aspectos laborales de la Ley 16/2022, de 5 de septiembre, de Reforma del Texto Refundido de la Ley Concursal». *Revista del Derecho del Trabajo,* núm. 1, vol. 2., 2023.
- TALÉNS VISCONTI, E.: «Los créditos laborales en la reforma concursal de 2022», *Revista Temas Laborales,* núm. 167/2023.
- TORRE OLMO, B., FRESNO BOJ, M. y CANTERO SÁIZ, M.: Tema 4. Las fuentes de financiación de la empresa. Universidad de Cantabria (Dpto. de administración de empresas).
- VILLORIA RIVERA, I., ENCISO ALONSO-MUÑUMER, M.: *Memento práctico: Concursal.* Edit.: Francis Lefebvre.

Recursos electrónicos

- Administración de justicia. Servicio electrónico de microempresas: https://www.administraciondejusticia.gob.es/-/servicio-electronico-de-micro-empresas
- Administración Gob.: https://administracion.gob.es/pag_Home/Tu-espacio-europeo/derechos-obligaciones/empresas/iniciogestion-cierre/insolvencia-liqui-dacion/concurso-acreedores.html
- ICAB. Dudas Servicio electrónico microempresas: https://www.icab.es/export/sites/icab/.galleries/documents-contingut-generic/Dudas-Resueltas-Servicio-Electronico-Microempresas-CGAE-2023

Base de datos jurídicas

- Área Jurídica Global: https://www.areajuridicaglobal.com/
- BOE. Biblioteca Jurídica: https://www.boe.es/biblioteca_juridica/index.php?tipo=L&modo=2
- Conceptos jurídicos: https://www.conceptosjuridicos.com/ley-concursal/
- Dialnet: https://dialnet.unirioja.es/
- Diario La Ley: https://diariolaley.laleynext.es/
- El Derecho, noticias jurídicas y actualidad jurídica: https://elderecho.com/
- El economista: https://www.eleconomista.es/legislacion/
- Guías jurídicas La Ley: https://guiasjuridicas.laley.es/
- Iberley: https://www.iberley.es/
- Javier Sagardoy: https://javiersagardoy.com/
- Notarios y registradores: https://www.notariosyregistradores.com/
- Noticias jurídicas: https://noticias.juridicas.com/
- Vlex: https://vlex.es/

N.º 1

GUÍA PRÁCTICA DE LA INCAPACIDAD
DE LA PERSONA TRABAJADORA Y
LAS PRESTACIONES DERIVADAS
EN EL RÉGIMEN GENERAL
DE LA SEGURIDAD SOCIAL

Servicio de Estudios de la Confederación

2.ª EDICIÓN ACTUALIZADA, ABRIL 2023

N.º 2

GUÍA DE ACCIÓN
DE LA REPRESENTACIÓN
DE LAS PERSONAS
TRABAJADORAS

Servicio de Estudios de la Confederación

N.º 3

GUÍA DEL TELETRABAJO

Servicio de Estudios de la Confederación